오늘도 말씀이 필요해

Q&A 365
묵상 다이어리

말씀 한 구절, 질문 하나로 하나님과 만나는 3년 묵상 일기

생명의말씀사

하나님의 약속을 사랑하는 모든 이에게

예수님을 만나고 하나님의 자녀가 된 우리에게는 하나님의 말씀이라는 큰 선물이 주어집니다. 그 안에는 우리에게 약속하신 많은 축복과 사랑의 언약들이 담겨 있습니다.

자녀인 우리가 할 일은 그 약속을 믿고 따라가는 것입니다. 하나씩 배우고 익힌 뒤 잠잠히 하나님의 응답을 기다려 보세요. 하나님은 항상 완벽한 타이밍을 갖고 계시고, 우리의 삶을 위한 멋진 계획을 준비해 두셨습니다.

이 책은 매달 다른 주제로, 매일 그날의 질문을 던집니다. 잠시 멈춰서 질문에 관해 생각해 보고, 말씀과 내 삶을 연결해 하나님의 언약이 일상에 살아 숨 쉬는 은혜를 누리세요.

힘들고, 지치고, 막막할 때 우리에게는 말씀이 필요합니다. 20만 명의 독자가 선택한 『하나님의 약속 900』에서 엄선한 성경 구절과, 콰이어트툰 작가의 따뜻하고 생생한 일러스트가 만나 성경 구절을 더 깊이 오래도록 묵상하게 할 것입니다.

말씀이 우리 삶의 진짜 길잡이입니다. 매일 말씀과 함께하며 승리하는 날들의 연속이 되시기를 바랍니다.

12개월의 영적 여정

1월 보호와 인도 · 9
새해를 시작하며 하나님의 보호와 인도를 기억하기

2월 기도와 간구 · 41
하나님께 드리는 간절한 기도와 간구를 기록하기

3월 지혜와 경외 · 71
하나님을 경외하는 것이 지혜의 근본임을 깨닫기

4월 순종과 헌신 · 103
하나님의 뜻에 순종하며 온전한 헌신을 다짐하기

5월 가정과 사랑 · 135
하나님이 주신 가족과 이웃에게 참된 사랑을 실천하기

6월 신뢰와 평안 · 167
하나님을 온전히 신뢰하며 참 평안을 누리기

7월 믿음과 훈련 · 199

믿음을 통한 영적 훈련으로 성장을 경험하기

8월 능력과 은혜 · 231

하나님이 주시는 능력과 넘치는 은혜 가운데 살아가기

9월 구원과 감격 · 263

구원의 감사와 감격을 날마다 느끼며 기억하기

10월 성화와 존귀 · 295

성화의 과정을 통해 하나님의 자녀로서의 존귀함을 깨닫기

11월 승리와 영광 · 327

그리스도 안에서 이미 얻은 승리와 영광을 되새기기

12월 소망과 기쁨 · 359

한 해를 마무리하며 영원한 소망과 진정한 기쁨을 누리기

이 책의 사용법

- **매일의 시간을 정하세요.**

  아침이든 저녁이든 하나님과 만날 수 있는 고정된 시간을 정해 규칙적으로 묵상해 보세요.

- **마음을 열고 준비하세요.**

  짧은 기도로 시작하며 하나님께 집중하고, 성령님의 인도하심을 구하세요.

- **성구와 질문을 읽고 묵상하세요.**

  그날의 성구와 질문을 읽고, 충분히 생각해 보세요. 답이 즉시 떠오르지 않아도 시간을 갖고 묵상해 보세요.

- **정직하게 기록하세요.**

  자신의 생각과 느낌을 솔직하게 적어보세요.

- **기도로 마무리하세요.**

  묵상한 내용을 바탕으로 감사와 간구의 기도를 드리며 그날의 묵상 시간을 마무리하세요.

- **3년간의 내용을 기록하세요.**

  같은 질문이라도 시간이 지나면서 다른 답을 하게 될 것입니다. 3년 동안의 기록을 통해 영적 성장과 하나님의 인도하심을 확인해 보세요.

1월
January

보호와 인도

01. 01

오직 여호와를 앙망하는 자는 새 힘을 얻으리니 (사 40:31).

Q. 올 한 해, 주님의 새 힘을 기다리며 기대하는 변화는 무엇인가요?

20 _____
_____
_____

20 _____
_____
_____

20 _____
_____
_____

주는 나의 은신처이오니 환난에서 나를 보호하시고
구원의 노래로 나를 두르시리이다 (시 32:7).

Q. 요즘 즐겨 듣는 노래는 무엇인가요?

20

20

20

그는 넘어지나 아주 엎드러지지 아니함은
여호와께서 그의 손으로 붙드심이로다 (시 37:24).

Q. 최근 "넘어졌다"고 느낀 사건이 있나요?

20

20

20

01. 04

주는 미쁘사 너희를 굳건하게 하시고
악한 자에게서 지키시리라 (살후 3:3).

Q. 나를 하나님께로 이끄는 영적 습관 세 가지를 꼽자면?

20

20

20

01. 05

여호와는 나의 반석이시요 나의 요새시요
나를 위하여 나를 건지시는 자시요 나의 하나님이시요 (삼하 22:2).

Q. 내가 '반석'처럼 의지하는 말씀은 무엇인가요?

20

20

20

01. 06

그가 너를 그의 깃으로 덮으시리니 네가 그의 날개 아래에 피하리로다
그의 진실함은 방패와 손방패가 되시나니 (시 91:4).

Q. 내가 가장 안정감을 느끼는 공간이나 환경은 무엇인가요?

20 _____

20 _____

20 _____

01. 07

네가 말하기를 여호와는 나의 피난처시라 하고 지존자를 너의 거처로 삼았으므로 재앙이 네게 미치지 못하며(시 91:9-10).

Q. 힘들 때 찾게 되는 나의 가짜 피난처는 무엇인가요?

20

20

20

01. 08

이스라엘을 지키시는 이는 졸지도 아니하시고 주무시지도 아니하시리로다
여호와는 너를 지키시는 이시라 (시 121:4-5).

Q. 오늘 잠들기 전 고백하고 싶은 한 줄 기도는?

20 _____

20 _____

20 _____

01. 09

내 평생에 선하심과 인자하심이 반드시 나를 따르리니
내가 여호와의 집에 영원히 살리로다 (시 23:6).

Q. 최근에 하나님의 선하심과 인자하심을 느꼈던 사건은 무엇인가요?

20

20

20

주의 법을 사랑하는 자에게는 큰 평안이 있으니
그들에게 장애물이 없으리이다 (시 119:165).

Q. 나는 십계명을 잘 지키고 있나요?

20

20

20

01. 11

그리하면 모든 지각에 뛰어난 하나님의 평강이
그리스도 예수 안에서 너희 마음과 생각을 지키시리라(빌 4:7).

Q. 하나님의 평강이 내 마음과 생각을 지켜주신 경험은 무엇인가요?

20

20

20

01. 12

그가 나를 푸른 풀밭에 누이시며 쉴 만한 물 가로 인도하시는도다 (시 23:2).

Q. 주님이 인도하시는 푸른 풀밭은 지금 내 삶의 어디인가요?

20

20

20

그러므로 우리가 담대히 말하되 주는 나를 돕는 이시니
내가 무서워하지 아니하겠노라 사람이 내게 어찌하리요 하노라(히 13:6).

Q. 최근 사람에게 상처 받은 적이 있나요?

20

20

20

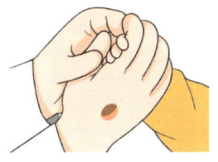

이는 나 여호와 너의 하나님이 네 오른손을 붙들고 네게 이르기를
두려워하지 말라 내가 너를 도우리라 할 것임이니라 (사 41:13).

Q. 요즘 하나님의 도우심이 절실한 삶의 영역은 어디인가요?

20

20

20

여호와의 이름은 견고한 망대라
의인은 그리로 달려가서 안전함을 얻느니라 (잠 18:10).

Q. 위험이나 유혹의 순간을 물리치는 나만의 방법이 있나요?

20

20

20

대저 여호와는 네가 의지할 이시니
네 발을 지켜 걸리지 않게 하시리라 (잠 3:26).

Q. 과거의 나보다 성장했다고 느낄 때가 있나요?

20 _____

_____

_____

20 _____

_____

_____

20 _____

_____

_____

01. 17

예수께서 여자에게 이르시되
네 믿음이 너를 구원하였으니 평안히 가라 하시니라 (눅 7:50).

Q. 최근에 들었던 가장 큰 위로의 말은 무엇인가요?

20

20

20

01. 18

너희가 일찍이 일어나고 늦게 누우며 수고의 떡을 먹음이 헛되도다
그러므로 여호와께서 그의 사랑하시는 자에게는 잠을 주시는도다 (시 127:2).

Q. 나만의 쉼 혹은 휴식 루틴이 있나요?

20

20

20

01. 19

수고하고 무거운 짐 진 자들아 다 내게로 오라
내가 너희를 쉬게 하리라 (마 11:28).

Q. 관계에서 무겁게 느끼는 짐이 있나요?

20

20

20

네가 누울 때에 두려워하지 아니하겠고
네가 누운즉 네 잠이 달리로다 (잠 3:24).

Q. 요즘 나는 잘 자고 있나요?

20

20

20

내가 네 갈 길을 가르쳐 보이고 너를 주목하여 훈계하리로다 (시 32:8).

Q. 주님이 내 갈 길을 가르쳐 주셨던 사건은 무엇인가요?

20

20

20

여호와께서 사람의 걸음을 정하시고 그의 길을 기뻐하시나니 (시 37:23).

Q. 혼자서 떠나기에 좋은 여행 장소가 있나요?

20

20

20

주의 말씀은 내 발에 등이요 내 길에 빛이니이다 (시 119:105).

Q. 중요한 결정을 할 때 내가 기준으로 삼는 것이 있다면?

20

20

20

사람이 마음으로 자기의 길을 계획할지라도
그의 걸음을 인도하시는 이는 여호와시니라 (잠 16:9).

Q. 내가 계획했지만 예상과 다르게 흘러간 일은 무엇인가요?

20

20

20

01. 25

너희가 오른쪽으로 치우치든지 왼쪽으로 치우치든지
네 뒤에서 말소리가 네 귀에 들려 이르기를
이것이 바른 길이니 너희는 이리로 가라 할 것이며 (사 30:21).

Q. 한쪽으로 치우치지 않기 위한 나만의 기준이나 규칙이 있다면?

20

20

20

01. 26

평안을 너희에게 끼치노니 곧 나의 평안을 너희에게 주노라
내가 너희에게 주는 것은 세상이 주는 것과 같지 아니하니라 (요 14:27).

Q. 세상이 줄 수 없는 주님의 평안을 경험한 순간은 언제였나요?

20

20

20

내가 여호와를 항상 내 앞에 모심이여 그가 나의 오른쪽에 계시므로
내가 흔들리지 아니하리로다 (시 16:8).

Q. 하나님이 항상 내 곁에 계심을 느끼나요?

20 _____

_____

_____

20 _____

_____

_____

20 _____

_____

_____

여호와께서는 자기 백성을 버리지 아니하시며
자기의 소유를 외면하지 아니하시리로다 (시 94:14).

Q. '버려졌다'라고 느낀 적 있나요? 그때 어떻게 회복했나요?

20

20

20

01. 29

볼지어다 내가 문 밖에 서서 두드리노니 누구든지 내 음성을 듣고 문을 열면 내가 그에게로 들어가 그와 더불어 먹고 그는 나와 더불어 먹으리라(계 3:20).

Q. 예수님이 초인종을 누르신다면 나는 어떻게 반응하고 싶나요?

20

20

20

01. 30

여호와가 너를 항상 인도하여 메마른 곳에서도 네 영혼을 만족하게 하며
네 뼈를 견고하게 하리니 너는 물 댄 동산 같겠고(사 58:11).

Q. 나는 어떤 환경에서 물 댄 동산처럼 회복되나요?

20

20

20

01. 31

믿음이 없이는 하나님을 기쁘시게 하지 못하나니
하나님께 나아가는 자는 반드시 그가 계신 것과 또한 그가 자기를 찾는 자들에게
상 주시는 이심을 믿어야 할지니라 (히 11:6).

Q. 가장 기뻤던 상이나 칭찬은 무엇이었나요?

20

20

20

2월

February

기도와 간구

02. 01

여호와와 그의 능력을 구할지어다 항상 그의 얼굴을 찾을지어다 (대상 16:11).

Q. 내가 주님의 얼굴을 찾는 가장 실제적인 방법은 무엇인가요?

20

20

20

그들이 부르기 전에 내가 응답하겠고
그들이 말을 마치기 전에 내가 들을 것이며(사 65:24).

Q. 오늘 가장 먼저 하나님께 들려드리고 싶은 내 속마음은?

20

20

20

그의 마음의 소원을 들어 주셨으며
그의 입술의 요구를 거절하지 아니하셨나이다 (시 21:2).

Q. 요즘 내 마음 속 깊은 소원은 무엇인가요?

20

20

20

02. 04

의인이 부르짖으매 여호와께서 들으시고
그들의 모든 환난에서 건지셨도다 (시 34:17).

Q. 새벽기도나 작정기도를 해 본 적 있나요?

20

20

20

또 여호와를 기뻐하라
그가 네 마음의 소원을 네게 이루어 주시리로다 (시 37:4).

Q. 최근 뜻밖의 좋은 일로 기뻤던 사건은 무엇인가요?

20

20

20

02. 06

환난 날에 나를 부르라 내가 너를 건지리니
네가 나를 영화롭게 하리로다 (시 50:15).

Q. 내 삶의 어떤 모습으로 하나님께 영광을 돌릴 수 있을까요?

20

20

20

02. 07

나는 하나님께 부르짖으리니
여호와께서 나를 구원하시리로다 (시 55:16).

Q. 부르짖어 기도해 본 적 있나요? 어떤 기도제목이었나요?

20

20

20

02. 08

저녁과 아침과 정오에 내가 근심하여 탄식하리니
주께서 내 소리를 들으시리로다 (시 55:17).

Q. 내 일상에 하루 세 번의 기도 습관을 세운다면?

20

20

20

02.09

그가 내게 간구하리니 내가 그에게 응답하리라 그들이 환난 당할 때에
내가 그와 함께 하여 그를 건지고 영화롭게 하리라 (시 91:15).

Q. 최근 하나님의 기도 응답을 경험한 것은?

20

20

20

너는 내게 부르짖으라 내가 네게 응답하겠고
네가 알지 못하는 크고 은밀한 일을 네게 보이리라 (렘 33:3).

Q. 주님이 내게 주신 약속이 있나요?

20

20

20

02. 11

내 이름으로 일컫는 내 백성이 그들의 악한 길에서 떠나
스스로 낮추고 기도하여 내 얼굴을 찾으면 내가 하늘에서 듣고 (대하 7:14).

Q. 당신이 속한 공동체의 회복을 위한 기도 제목은?

20 _____
_____
_____

20 _____
_____
_____

20 _____
_____

02. 12

우리가 무엇이든지 구하는 바를 들으시는 줄을 안즉
우리가 그에게 구한 그것을 얻은 줄을 또한 아느니라 (요일 5:15).

Q. 나는 요즘 하나님을 기뻐하고 있나요?

20

20

20

02. 13

또 기도할 때에 이방인과 같이 중언부언하지 말라
그들은 말을 많이 하여야 들으실 줄 생각하느니라 (마 6:7).

Q. 말을 많이 해서 후회한 경험이 있나요?

20

20

20

너는 기도할 때에 네 골방에 들어가 문을 닫고
은밀한 중에 계신 네 아버지께 기도하라
은밀한 중에 보시는 네 아버지께서 갚으시리라 (마 6:6).

Q. 사람 대신 하나님과만 나누고 싶은 비밀은 무엇인가요?

20

20

20

02. 15

구하라 그리하면 너희에게 주실 것이요 찾으라 그리하면 찾아낼 것이요
문을 두드리라 그리하면 너희에게 열릴 것이니 (마 7:7).

Q. 오늘 '구하고, 찾고, 두드릴' 구체적인 한 가지는 무엇인가요?

20

20

20

시험에 들지 않게 깨어 기도하라
마음에는 원이로되 육신이 약하도다 하시고 (마 26:41).

Q. 요즘 내 체력과 건강 상태는 어떤가요?

20

20

20

너희가 기도할 때에 무엇이든지 믿고 구하는 것은 다 받으리라 하시니라 (마 21:22).

Q. 믿고 구해 실제로 받았던 응답 한 가지를 적어 보세요.

20

20

20

02. 18

그러므로 내가 너희에게 말하노니
무엇이든지 기도하고 구하는 것은 받은 줄로 믿으라
그리하면 너희에게 그대로 되리라 (막 11:24).

Q. 이미 받은 것으로 믿고 선언할 수 있는 기도 제목은?

20

20

20

구하는 이마다 받을 것이요 찾는 이는 찾아낼 것이요
두드리는 이에게는 열릴 것이니라 (눅 11:10).

Q. "구하는 자"로서 나의 끈기나 인내는 어느 정도인가요?

20

20

20

02. 20

지금까지는 너희가 내 이름으로 아무 것도 구하지 아니하였으나
구하라 그리하면 받으리니 너희 기쁨이 충만하리라(요 16:24).

Q. 최근에 받고 가장 기뻤던 선물은 무엇인가요?

20

20

20

02. 21

너희가 내 이름으로 무엇을 구하든지 내가 행하리니
이는 아버지로 말미암아 아들에게서 영광을 받으시게 하려 함이라 (요 14:13).

Q. 내가 타인에게 모범이 되는 모습은 어떤 부분인가요?

20

20

20

예수께서 이르시되 너희는 기도할 때에 이렇게 하라
아버지여 이름이 거룩히 여김을 받으시오며 나라가 임하시오며(눅 11:2).

Q. 내 삶의 좋지 않은 일조차
합력하여 선을 이룬 경험은 무엇인가요?

20

20

20

자기 아들을 아끼지 아니하시고 우리 모든 사람을 위하여 내주신 이가
어찌 그 아들과 함께 모든 것을 우리에게 주시지 아니하겠느냐(롬 8:32).

Q. 하나님께 받고 싶은 응원의 한마디는 무엇인가요?

20

20

20

모든 기도와 간구를 하되 항상 성령 안에서 기도하고
이를 위하여 깨어 구하기를 항상 힘쓰며 여러 성도를 위하여 구하라 (엡 6:18).

Q. 오늘 내가 성령 안에서
특별히 기도해야 할 다른 사람은 누구인가요?

20

20

20

02. 25

너희가 내 안에 거하고 내 말이 너희 안에 거하면
무엇이든지 원하는 대로 구하라 그리하면 이루리라 (요 15:7).

Q. 가장 좋아하고 힘이 되는 성경 구절은 무엇인가요?

20

20

20

02. 26

그를 향하여 우리가 가진 바 담대함이 이것이니
그의 뜻대로 무엇을 구하면 들으심이라 (요일 5:14).

Q. 겁이 많은 편인가요? 담대한 편인가요?

20

20

20

02. 27

무엇이든지 구하는 바를 그에게서 받나니
이는 우리가 그의 계명을 지키고 그 앞에서 기뻐하시는 것을 행함이라 (요일 3:22).

Q. 오늘 하나님께 칭찬받을 만한 한 가지를 결단한다면?

20

20

20

너희가 온 마음으로 나를 구하면 나를 찾을 것이요 나를 만나리라(렘 29:13).

Q. 최근 가장 반가웠던 만남은 무엇이었나요?

20

20

20

02. 29

우리가 알거니와 하나님을 사랑하는 자 곧 그의 뜻대로 부르심을 입은 자들에게는 모든 것이 합력하여 선을 이루느니라(롬 8:28).

Q. 요즘 나에게 하나님의 합력이 필요한 일은 무엇인가요?

20

20

20

3월
March

지혜와 경외

03. 01

지혜와 권능이 하나님께 있고 계략과 명철도 그에게 속하였나니 (욥 12:13).

Q. 최근에 "아, 이건 진짜 지혜로웠다" 싶은 나의 선택은 무엇이었나요?

20

20

20

어리석은 자는 그의 마음에 이르기를 하나님이 없다 하는도다
그들은 부패하고 그 행실이 가증하니 선을 행하는 자가 없도다 (시 14:1).

Q. 하나님이 없다고 말하는 세상에서,
내가 소외감을 느낄 때는 언제인가요?

20

20

20

03. 03

청년이 무엇으로 그의 행실을 깨끗하게 하리이까
주의 말씀만 지킬 따름이니이다 (시 119:9).

Q. 청년 시절에 지켜야 할 '행실 지침'이 있다면?

20

20

20

의인은 종려나무 같이 번성하며 레바논의 백향목 같이 성장하리로다 (시 92:12).

Q. 나는 번성과 성장을 갈망하나요?

20

20

20

03. 05

의인의 길은 돋는 햇살 같아서 크게 빛나 한낮의 광명에 이르거니와 (잠 4:18).

Q. 내 인생을 햇살에 비유한다면, 지금은 아침일까요? 한낮일까요? 아니면 저녁일까요?

20

20

20

지혜가 너를 선한 자의 길로 행하게 하며 또 의인의 길을 지키게 하리니 (잠 2:20).

Q. 나를 좋은 길로 이끌어준 한 사람은 누구인가요?

20

20

20

여호와를 경외하는 것이 지혜의 근본이요
거룩하신 자를 아는 것이 명철이니라 (잠 9:10).

Q. "경외심"을 느낀 최근의 순간은 언제였나요? (자연, 예술, 사람 등)

20

20

20

03. 08

하나님의 말씀은 다 순전하며 하나님은 그를 의지하는 자의 방패시니라 (잠 30:5).

Q. 내가 기도하며 지켜주고 싶은 사람이 있나요?

20

20

20

03.09

그 때에 어떤 사람이 너희에게 말하되
보라 그리스도가 여기 있다 보라 저기 있다 하여도 믿지 말라 (막 13:21).

Q. 살면서 누군가에게 속은 경험이 있나요?

20

20

20

03. 10

예수께서 또 말씀하여 이르시되 나는 세상의 빛이니
나를 따르는 자는 어둠에 다니지 아니하고 생명의 빛을 얻으리라 (요 8:12).

Q. 내 삶을 밝혀주는 "빛 같은 사람"은 누구인가요?

20

20

20

03. 11

다른 이로써는 구원을 받을 수 없나니 천하 사람 중에 구원을 받을 만한 다른 이름을 우리에게 주신 일이 없음이라 하였더라 (행 4:12).

Q. 구원의 이름을 전해주고 싶은 사람이 있나요?

20

20

20

03. 12

너희가 사랑 가운데서 뿌리가 박히고 터가 굳어져서
능히 모든 성도와 함께 지식에 넘치는 그리스도의 사랑을 알아 (엡 3:17-18).

Q. 내 마음에 지금 가장 깊게 뿌리내린 감정은 무엇인가요?

20

20

20

03. 13

그 너비와 길이와 높이와 깊이가 어떠함을 깨달아
하나님의 모든 충만하신 것으로 너희에게 충만하게 하시기를 구하노라 (엡 3:19).

Q. 현재 내 마음의 너비와 깊이는 어느 정도인가요?

20

20

20

03. 14

또 누구든지 하나님을 사랑하면
그 사람은 하나님도 알아주시느니라(고전 8:3).

Q. 지금 내 곁에서 그리스도의 사랑을 보여주는 사람은 누구인가요?

20

20

20

이는 우리가 이제부터 어린 아이가 되지 아니하여
사람의 속임수와 간사한 유혹에 빠져 온갖 교훈의 풍조에 밀려
요동하지 않게 하려 함이라(엡 4:14).

Q. 내가 최근 속임수나 유혹에 흔들린 영역은?

20

20

20

03. 16

오직 사랑 안에서 참된 것을 하여 범사에 그에게까지 자랄지라
그는 머리니 곧 그리스도라 (엡 4:15).

Q. 사랑 안에서 참된 것을 하도록 지금 정직해져야 할 일은?

20

20

20

03. 17

너희 사랑을 지식과 모든 총명으로 점점 더 풍성하게 하사
너희로 지극히 선한 것을 분별하며 (빌 1:9-10).

Q. 현재 나에게 분별이 필요한 삶의 영역은 어디인가요?

20

20

20

> 03. 18

모든 무거운 것과 얽매이기 쉬운 죄를 벗어 버리고
인내로써 우리 앞에 당한 경주를 하며(히 12:1).

Q. 버리지 못하는 과거의 기억이 있나요?

20

20

20

03. 19

너희 중에 누구든지 지혜가 부족하거든 모든 사람에게 후히 주시고
꾸짖지 아니하시는 하나님께 구하라 그리하면 주시리라 (약 1:5).

Q. 지혜가 부족한 영역을 구체적으로 적어본다면?

20

20

20

오직 믿음으로 구하고 조금도 의심하지 말라
의심하는 자는 마치 바람에 밀려 요동하는 바다 물결 같으니 (약 1:6).

Q. 의심이 밀려올 때 내가 반복하는 생각 패턴은 무엇인가요?

20

20

20

03. 21

주께 합당하게 행하여 범사에 기쁘시게 하고 모든 선한 일에 열매를 맺게 하시며
하나님을 아는 것에 자라게 하시고 (골 1:10).

Q. 일상에서 맺고 싶은 선한 열매는 무엇인가요?

20

20

20

03. 22

거짓 선지자들을 삼가라 양의 옷을 입고 너희에게 나아오나
속에는 노략질하는 이리라 (마 7:15).

Q. 겉으로는 선한 척하지만 속으로는 그렇지 않은 적 있나요?

20

20

20

03. 23

그러나 너는 배우고 확신한 일에 거하라
너는 네가 누구에게서 배운 것을 알며 (딤후 3:14).

Q. 지금 떠오르는 "내 인생 최고의 스승"은 누구인가요?

20

20

20

03. 24

성경은 능히 너로 하여금 그리스도 예수 안에 있는 믿음으로 말미암아
구원에 이르는 지혜가 있게 하느니라 (딤후 3:15).

Q. 성경이 실제 내 삶의 길잡이가 된 경험은 언제였나요?

20

20

20

03. 25

거짓말하는 자가 누구냐
예수께서 그리스도이심을 부인하는 자가 아니냐 (요일 2:22).

Q. 예수님을 부인하거나 숨기고 싶었던 순간이 있었나요?

20

20

20

03. 26

갓난 아기들 같이 순전하고 신령한 젖을 사모하라
이는 그로 말미암아 너희로 구원에 이르도록 자라게 하려 함이라 (벧전 2:2).

Q. 어릴 적 내가 가장 좋아했던 간식은 무엇인가요?
지금은 어떤 말씀을 영적인 간식처럼 자주 찾나요?

20

20

20

03. 27

그러므로 너희가 더욱 힘써 너희 믿음에 덕을, 덕에 지식을,
지식에 절제를, … 형제 우애에 사랑을 더하라 (벧후 1:5-7).

Q. 덕·지식·절제·사랑 중 어디에 제일 투자하고 싶나요?

20

20

20

03. 28

사랑하는 자들아 너희는 너희의 지극히 거룩한 믿음 위에 자신을 세우며 성령으로 기도하며 (유 1:20).

Q. 오늘 기도했나요? 1분 만이라도 성령으로 기도한다면?

20

20

20

03. 29

우리에게 지각을 주사 우리로 참된 자를 알게 하신 것과
또한 우리가 참된 자 곧 그의 아들 예수 그리스도 안에 있는 것이니 (요일 5:20).

Q. 하루에 가장 많이 생각하는 주제는 무엇인가요?
그 생각 속에 예수님은 얼마나 들어오시나요?

20

20

20

03. 30

모든 성경은 하나님의 감동으로 된 것으로 …
이는 하나님의 사람으로 온전하게 하며
모든 선한 일을 행할 능력을 갖추게 하려 함이라 (딤후 3:16-17).

Q. 성경을 통해 배운 삶의 기술은 무엇이 있나요?
(시간 관리, 언어 습관, 돈 관리 등)

20

20

20

03. 31

그러므로 누구든지 나의 이 말을 듣고 행하는 자는
그 집을 반석 위에 지은 지혜로운 사람 같으리니 (마 7:24).

Q. "내 인생은 성경에 비춰보면 이 구절 같다"고
생각되는 말씀이 있나요?

20

20

20

4월

April

순종과 헌신

04. 01

세계가 다 내게 속하였나니 너희가 내 말을 잘 듣고 내 언약을 지키면
너희는 모든 민족 중에서 내 소유가 되겠고 (출 19:5).

Q. 하나님의 소유가 되면 어떤 점이 좋을까요?

20

20

20

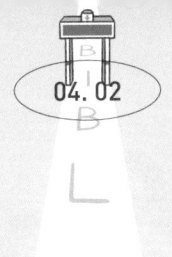

그런즉 너희는 이 언약의 말씀을 지켜 행하라
그리하면 너희가 하는 모든 일이 형통하리라 (신 29:9).

Q. 약속을 끝까지 지켜낸 경험이 있나요?

20

20

20

순종이 제사보다 낫고 듣는 것이 숫양의 기름보다 나으니 (삼상 15:22).

Q. 순종을 가로막는 내 고집이 있나요?

20

20

20

04. 04

그 법률과 계명과 율례와 증거를 모세의 율법에 기록된 대로 지키라
그리하면 네가 무엇을 하든지 어디로 가든지 형통할지라 (왕상 2:3).

Q. 시험이나 큰일 앞에서 말씀을 붙잡고 결단한 적이 있나요?
결과는 어땠나요?

20

20

20

04. 05

만일 그들이 순종하여 섬기면 형통한 날을 보내며
즐거운 해를 지낼 것이요 (욥 36:11).

Q. 억지로가 아니라 자발적으로 기쁘게 순종했던 경험은 무엇인가요?

20

20

20

04. 06

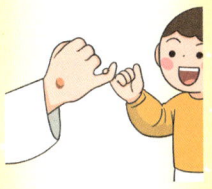

여호와의 모든 길은 그의 언약과 증거를 지키는 자에게 인자와 진리로다(시 25:10).

Q. 요즘 내가 중요하게 생각하는 원칙 한 가지는 무엇인가요?

20

20

20

04. 07

아들들아 이제 내게 들으라 내 도를 지키는 자가 복이 있느니라 (잠 8:32).

Q. 최근에 들었던 설교 혹은 나눔 중에 좋았던 내용이 있다면?

20

20

20

가난한 자를 불쌍히 여기는 것은 여호와께 꾸어 드리는 것이니
그의 선행을 그에게 갚아 주시리라 (잠 19:17).

Q. 최근 작게라도 누군가를 도운 경험이 있나요?

20

20

20

04. 09

오직 내가 이것을 그들에게 명령하여 이르기를 너희는 내 목소리를 들으라
그리하면 나는 너희 하나님이 되겠고 너희는 내 백성이 되리라 (렘 7:23).

Q. 누군가의 조언을 무시해서 후회한 경험이 있나요?

20

20

20

04. 10

그런즉 내게로 돌아오라
그리하면 나도 너희에게로 돌아가리라 하였더니 (말 3:7).

Q. 돌아가고 싶은 과거의 순간이 있다면?

20

20

20

04. 11

이 계명 중의 지극히 작은 것 하나라도 버리고 또 그같이 사람을 가르치는 자는 천국에서 지극히 작다 일컬음을 받을 것이요 (마 5:19).

Q. 내가 너무 사소하게 여겨 놓쳤던 일이 결과적으로 중요했던 적 있나요?

20

20

20

04. 12

그러나 이제 그리스도께서 죽은 자 가운데서 다시 살아나사
잠자는 자들의 첫 열매가 되셨도다(고전 15:20).

Q. 기억에 남는 부활절 추억이 있나요?

20

20

20

예수께서 이르시되 오히려 하나님의 말씀을 듣고 지키는 자가 복이 있느니라 하시니라(눅 11:28).

Q. 최근에 듣고 바로 실천했던 일이 있나요?

20

20

20

04. 14

거기에는 대로가 있어 그 길을 거룩한 길이라 일컫는 바 되리니
깨끗하지 못한 자는 지나가지 못하겠고(사 35:8).

Q. 내가 생각하는 '거룩함과 깨끗함'은 어떤 의미인가요?

20

20

20

04. 15

내가 아버지의 계명을 지켜 그의 사랑 안에 거하는 것 같이
너희도 내 계명을 지키면 내 사랑 안에 거하리라 (요 15:10).

Q. 사랑하는 사람에게 가장 지켜주고 싶은 약속은?

20

20

20

04. 16

너희는 내게 배우고 받고 듣고 본 바를 행하라
그리하면 평강의 하나님이 너희와 함께 계시리라 (빌 4:9).

Q. 내가 본받고 싶은 신앙 습관은 무엇인가요?

20

20

20

받으신 고난으로 순종함을 배워서 온전하게 되셨은즉
자기에게 순종하는 모든 자에게 영원한 구원의 근원이 되시고 (히 5:9).

Q. 나에게 순종이 가장 어려운 순간은 언제인가요?

20

20

20

그런즉 너희는 먼저 그의 나라와 그의 의를 구하라
그리하면 이 모든 것을 너희에게 더하시리라(마 6:33).

Q. 요즘 내가 먼저 챙기는 건 '나 자신'인가요, '하나님의 나라'인가요?

20

20

20

04. 19

여호와는 의로우사 의로운 일을 좋아하시나니
정직한 자는 그의 얼굴을 뵈오리로다 (시 11:7).

Q. 정직하게 말하기 어려웠던 경험이 있나요? 그때 왜 힘들었나요?

20

20

20

04. 20

여호와의 산에 오를 자가 누구며 그의 거룩한 곳에 설 자가 누구인가
곧 손이 깨끗하며 마음이 청결하며 뜻을 허탄한 데에 두지 아니하며
거짓 맹세하지 아니하는 자로다 (시 24:3-4).

Q. 깨끗한 마음을 지키기 위해 내가 하는 작은 습관은 무엇인가요?

20

20

20

04. 21

의가 주의 앞에 앞서 가며 주의 길을 닦으리이다 (시 85:13).

Q. 다른 사람의 길을 닦아 준 적 있나요? (멘토링, 도움, 안내 등)

20

20

20

그는 정직한 자를 위하여 완전한 지혜를 예비하시며
행실이 온전한 자에게 방패가 되시나니 (잠 2:7).

Q. 나를 든든하게 지켜주는 사람은 누구인가요?

20

20

20

마음이 굽은 자는 여호와께 미움을 받아도
행위가 온전한 자는 그의 기뻐하심을 받느니라 (잠 11:20).

Q. 오늘 하루 삐뚤어진 마음으로 행동한 것이 있나요?

20

20

20

04. 24

나를 사랑하면 내 말을 지키리니 내 아버지께서 그를 사랑하실 것이요
우리가 그에게 가서 거처를 그와 함께 하리라(요 14:23).

Q. 누군가를 사랑해서 자연스럽게 변화된 부분이 있나요?

20

20

20

04. 25

그러나 주께 피하는 모든 사람은 다 기뻐하며
주의 보호로 말미암아 영원히 기뻐 외치고 (시 5:11).

Q. 주님의 보호 아래 내려놓을 나의 걱정 한 가지는?

20

20

20

04. 26

여호와여 주는 의인에게 복을 주시고
방패로함 같이 은혜로 그를 호위하시리이다 (시 5:12).

Q. 하나님의 은혜를 가장 많이 느끼는 삶의 영역은 어디인가요?

20

20

20

04. 27

네 재물과 네 소산물의 처음 익은 열매로 여호와를 공경하라
그리하면 네 창고가 가득히 차고 (잠 3:9-10).

Q. 내 지갑과 헌신을 연결한 경험이 있나요?

20

20

20

04. 28

만군의 여호와가 이르노라
너희의 온전한 십일조를 창고에 들여 나의 집에 양식이 있게 하고 (말 3:10).

Q. 나는 십일조나 구제 등을 하고 있나요?

20

20

20

04. 29

너희가 즐겨 순종하면 땅의 아름다운 소산을 먹을 것이요 (사 1:19).

Q. 참고 절제했다가 더 좋은 결과를 얻은 경험이 있나요?

20

20

20

나의 하나님이 그리스도 예수 안에서
영광 가운데 그 풍성한 대로 너희 모든 쓸 것을 채우시리라 (빌 4:19).

Q. "하나님이 채우신다"는 약속을 실제로 경험했던 사건은 무엇인가요?

20

20

20

5월

May

———

가정과 사랑

05. 01

예수께서 대답하여 이르시되
사람을 지으신 이가 본래 그들을 남자와 여자로 지으시고 (마 19:4).

Q. 당신을 남성/여성으로 지으신 이유가 무엇일까요?

20 _____
_____
_____

20 _____
_____
_____

20 _____
_____
_____

의인의 아비는 크게 즐거울 것이요
지혜로운 자식을 낳은 자는 그로 말미암아 즐거울 것이니라 (잠 23:24).

Q. 부모님이 나 때문에 크게 웃으셨던 기억은 언제인가요?

20

20

20

05. 03

두 사람이 한 사람보다 나음은
그들이 수고함으로 좋은 상을 얻을 것임이라 (전 4:9).

Q. 혼자보다 함께라서 더 든든했던 순간은 언제인가요?

20

20

20

05. 04

이 모든 것 위에 사랑을 더하라 이는 온전하게 매는 띠니라 (골 3:14).

Q. 내가 최근에 표현한 사랑은 어떤 모습이었나요?

20

20

20

또 아비들아 너희 자녀를 노엽게 하지 말고
오직 주의 교훈과 훈계로 양육하라 (엡 6:4).

Q. 어린 시절 나는 어떤 아이였나요?

20

20

20

05. 06

친구는 사랑이 끊어지지 아니하고
형제는 위급한 때를 위하여 났느니라 (잠 17:17).

Q. 힘들 때 제일 먼저 연락하고 싶은 친구는 누구인가요?

20

20

20

너희로 모든 일에 항상 모든 것이 넉넉하여
모든 착한 일을 넘치게 하게 하려 하심이라 (고후 9:8).

Q. 내가 가진 것 중 누군가에게 넉넉히 나눠주고 싶은 건 무엇인가요?

20

20

20

자녀들아 주 안에서 너희 부모에게 순종하라 이것이 옳으니라
네 아버지와 어머니를 공경하라 이것은 약속이 있는 첫 계명이니 (엡 6:1-2).

Q. 부모님이 해주신 말씀 중 "이건 지켜야 한다"고
남아있는 건 무엇인가요?

20

20

20

05. 09

너희는 내가 명하는 대로 행하면 곧 나의 친구라 (요 15:14).

Q. 내 인생에서 가장 기억에 남는 "우정의 순간"은 언제였나요?

20

20

20

여기 내 형제 중에 지극히 작은 자 하나에게 한 것이
곧 내게 한 것이니라 하시고 (마 25:40).

Q. 지금까지 내가 도와준 사람 중, 오래 마음에 남는 사람이 있나요?

20

20

20

05. 11

너희가 아들이므로 하나님이 그 아들의 영을 우리 마음 가운데 보내사
아빠 아버지라 부르게 하셨느니라 (갈 4:6).

Q. '엄마'나 '아빠'를 부르던 기억 중에 따뜻한 장면이 있다면?

20

20

20

05. 12

내가 그들에게 한 마음과 한 길을 주어
자기들과 자기 후손의 복을 위하여 항상 나를 경외하게 하고 (렘 32:39).

Q. 공동체에서 한마음으로 뜻을 모았던 기억이 있나요?

20

20

20

누구든지 너희가 그리스도에게 속한 자라 하여 물 한 그릇이라도 주면
내가 진실로 너희에게 이르노니 그가 결코 상을 잃지 않으리라 (막 9:41).

Q. 작은 친절(물 한 컵, 자리 양보 등)이 내 하루를 크게 바꾼 적이 있나요?

20

20

20

05. 14

누가 현숙한 여인을 찾아 얻겠느냐 그의 값은 진주보다 더 하니라 (잠 31:10).

Q. 내가 생각하는 현숙한 여인의 모습은 무엇인가요?

20

20

20

05. 15

너희가 진리를 순종함으로 너희 영혼을 깨끗하게 하여
거짓이 없이 형제를 사랑하기에 이르렀으니
마음으로 뜨겁게 서로 사랑하라 (벧전 1:22).

Q. 어떤 대상을 '뜨겁게' 사랑해 본 경험이 있나요?

20

20

20

05. 16

자기 앞에 영광스러운 교회로 세우사 티나 주름 잡힌 것이나 이런 것들이 없이 거룩하고 흠이 없게 하려 하심이라 (엡 5:27).

Q. 거룩하고 흠 없는 공동체를 위해 내가 할 일은 무엇인가요?

20

20

20

05. 17

남편들아 이와 같이 지식을 따라 너희 아내와 동거하고
그를 더 연약한 그릇이요 또 생명의 은혜를 함께 이어받을 자로 알아
귀히 여기라 (벧전 3:7).

Q. 배우자·연인에게 "고맙다"라는 말을 전한 적 있나요?

20 _____

_____

_____

20 _____

_____

_____

20 _____

_____

_____

05. 18

항상 아버지 하나님께 감사하며
그리스도를 경외함으로 피차 복종하라 (엡 5:21).

Q. 가족과 친구에게 서로를 위해
피차 복종할 수 있는 부분은 무엇인가요?

20

20

20

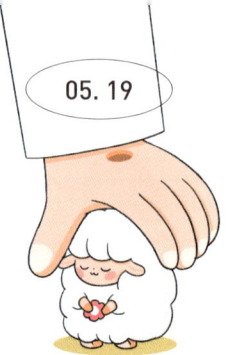

05. 19

너희의 단장은 … 외모로 하지 말고
오직 마음에 숨은 사람을 온유하고 안정한 심령의 썩지 아니할 것으로 하라
이는 하나님 앞에 값진 것이니라 (벧전 3:3-4).

Q. 외모 대신 가꾸고 있는 내면의 아름다움이 있다면?

20

20

20

05. 20

내가 네게 명령하는 이 모든 말을 너는 듣고 지키라
네 하나님 여호와의 목전에 선과 의를 행하면 네 후손에게 영구히
복이 있으리라 (신 12:28).

Q. 부모님 세대에서 꼭 이어받고 싶은 신앙의 유산은 무엇인가요?

20

20

20

05. 21

그러므로 사람이 그 부모를 떠나서 아내에게 합하여
그 둘이 한 몸이 될지니라 하신 것을 읽지 못하였느냐 (마 19:5).

Q. 결혼식을 상상하면 가장 먼저 떠오르는 장면은 무엇인가요?

20 _____
  _____
  _____

20 _____
  _____
  _____

20 _____
  _____
  _____

마땅히 행할 길을 아이에게 가르치라
그리하면 늙어도 그것을 떠나지 아니하리라 (잠 22:6).

Q. 내가 생각하는 좋은 양육(또는 피하고 싶은 양육)은 무엇인가요?

20 _____

_____

_____

20 _____

_____

_____

20 _____

_____

_____

여호와께서 너희를 곧 너희와 너희의 자손을
더욱 번창하게 하시기를 원하노라 (시 115:14).

Q. 나는 어떤 가정을 꾸리고 싶나요?

20

20

20

내 아들아 여호와의 징계를 경히 여기지 말라 그 꾸지람을 싫어하지 말라 (잠 3:11).

Q. 어린 시절 가장 크게 혼났던 기억은 언제인가요?

20

20

20

05. 25

여호와를 경외하는 자에게는 견고한 의뢰가 있나니
그 자녀들에게 피난처가 있으리라 (잠 14:26).

Q. 내 자녀나 후배에게 꼭 전해주고 싶은 삶의 조언은 무엇인가요?

20

20

20

여호와 하나님이 이르시되 사람이 혼자 사는 것이 좋지 아니하니
내가 그를 위하여 돕는 배필을 지으리라 하시니라 (창 2:18).

Q. 내가 생각하는 '돕는 배필'이란 어떤 모습인가요? 실천할 수 있는 것은?

20

20

20

05. 27

온전하게 행하는 자가 의인이라 그의 후손에게 복이 있느니라 (잠 20:7).

Q. 최근에 발견한 가족 혹은 배우자의 장점은?

20

20

20

05. 28

온 율법은 네 이웃 사랑하기를
네 자신 같이 하라 하신 한 말씀에서 이루어졌나니 (갈 5:14).

Q. 오늘 실천한 이웃 사랑이 있나요?

20

20

20

05. 29

긍휼히 여기는 자는 복이 있나니 그들이 긍휼히 여김을 받을 것임이요 (마 5:7).

Q. 최근에 누군가를 깊이 불쌍히 여긴 적 있나요?
그때 어떤 행동을 했나요?

20

20

20

모든 겸손과 온유로 하고 오래 참음으로 사랑 가운데서 서로 용납하고 (엡 4:2).

Q. 가정이란 나에게 무엇인가요? 한 문장으로 정의해 본다면?

20

20

20

너희를 친구라 하였노니
내가 내 아버지께 들은 것을 다 너희에게 알게 하였음이라 (요 15:15).

Q. 하나님이 나의 아버지이자 친구라는 말이 어떻게 다가오나요?

20 _____

20 _____

20 _____

6월
June

신뢰와 평안

너는 그에게 기도하겠고 그는 들으실 것이며
너의 서원을 네가 갚으리라 (욥 22:27).

Q. 가장 최근에 한 약속은 무엇이었나요? 잘 지켰나요?

20

20

20

06. 02

내가 사망의 음침한 골짜기로 다닐지라도 해를 두려워하지 않을 것은
주께서 나와 함께 하심이라(시 23:4).

Q. 깜깜한 골목을 혼자 걸을 때, 당신을 안심시켜 주는 건 무엇인가요?

20

20

20

06. 03

여호와의 눈은 의인을 향하시고
그의 귀는 그들의 부르짖음에 기울이시는도다(시 34:15).

Q. 누군가에 대한 좋지 않은 소문을 들었을 때
나는 어떤 반응을 보이나요?

20

20

20

06.04

여호와 하나님은 해요 방패이시라
여호와께서 은혜와 영화를 주시며(시 84:11).

Q. 내가 가장 필요할 때 방패처럼 지켜준 사람은 누구인가요?

20

20

20

그는 흉한 소문을 두려워하지 아니함이여
여호와를 의뢰하고 그의 마음을 굳게 정하였도다 (시 112:7).

Q. 유언비어에 쉽게 마음을 뺏기는 편인가요? 담담한 편인가요?

20

20

20

두려워하지 말라 내가 너와 함께 함이라 놀라지 말라
나는 네 하나님이 됨이라 내가 너를 굳세게 하리라 (사 41:10).

Q. "두려워하지 말라"는 말이 가장 필요한 순간은 언제였나요?

20

20

20

06. 07

너희는 무엇을 먹을까 무엇을 마실까 하여 구하지 말며 근심하지도 말라 … 그의 나라를 구하라 그리하면 이런 것들을 너희에게 더하시리라 (눅 12:29-31).

Q. 오늘 점심 메뉴를 고를 때처럼 가볍게 결정하는 일은?
반대로 쉽게 못 고르는 일은?

20

20

20

여호와는 마음이 상한 자를 가까이 하시고
충심으로 통회하는 자를 구원하시는도다(시 34:18).

Q. 마음이 상했을 때 내가 가장 먼저 하는 행동은 무엇인가요?

20

20

20

우리가 그 안에서 그를 믿음으로 말미암아
담대함과 확신을 가지고 하나님께 나아감을 얻느니라 (엡 3:12).

Q. 나를 당당하게 만들어주는 "나만의 무기"가 있나요?

20

20

20

너희 하늘 아버지께서
이 모든 것이 너희에게 있어야 할 줄을 아시느니라 (마 6:32).

Q. 재정에 대한 고민이나 염려가 있나요?

20

20

20

오직 주께서는 너희를 대하여 오래 참으사
아무도 멸망하지 아니하고 다 회개하기에 이르기를 원하시느니라 (벧후 3:9).

Q. 가장 오래 기다린 "약속"은 무엇이었나요? 지켜졌나요?

20

20

20

06. 12

사랑 안에 두려움이 없고 온전한 사랑이 두려움을 내쫓나니
두려움에는 형벌이 있음이라 (요일 4:18).

Q. 나를 가장 평안하게 하는 사랑의 표현은 무엇인가요?
(스킨십, 말, 선물, 시간, 봉사)

20

20

20

06. 13

의인의 적은 소유가 악인의 풍부함보다 낫도다 (시 37:16).

Q. 지금 가진 것 중에서 "적지만 충분하다"고 느껴지는 건 무엇인가요?

20

20

20

06. 14

하나님이 우리에게 주신 것은 두려워하는 마음이 아니요
오직 능력과 사랑과 절제하는 마음이니 (딤후 1:7).

Q. 최근에 '능력보다 사랑과 절제가 더 중요하다'고
느낀 순간은 언제였나요?

20

20

20

06. 15

너희가 악한 자라도 좋은 것으로 자식에게 줄 줄 알거든 하물며
하늘에 계신 너희 아버지께서 구하는 자에게 좋은 것으로 주시지 않겠느냐(마 7:11).

Q. 부모님/하나님이 내게 주신 가장 좋은 선물은 무엇이었나요?

20

20

20

06. 16

까마귀를 생각하라 심지도 아니하고 거두지도 아니하며 골방도 없고 창고도 없으되
하나님이 기르시나니 너희는 새보다 얼마나 더 귀하냐(눅 12:24).

Q. 스스로를 귀하게 여기고 있나요?

20

20

20

06. 17

이 말씀은 나의 고난 중의 위로라
주의 말씀이 나를 살리셨기 때문이니이다 (시 119:50).

Q. 내 힘든 시기를 노래로 만든다면, 어떤 장르가 어울릴까요?

20

20

20

06. 18

오늘 있다가 내일 아궁이에 던져지는 들풀도 하나님이 이렇게 입히시거든 하물며 너희일까보냐 믿음이 작은 자들아 (눅 12:28).

Q. 지갑 사정이 불안해도 행복했던 순간이 있었나요?

20

20

20

06. 19

보라 하나님은 나의 구원이시라 내가 신뢰하고 두려움이 없으리니 주 여호와는 나의 힘이시며 나의 노래시며 나의 구원이심이라 (사12:2).

Q. 내가 가장 좋아하고 잘 부르는 인생 곡은 무엇인가요?

20

20

20

돈을 사랑하지 말고 있는 바를 족한 줄로 알라
그가 친히 말씀하시기를 내가 결코 너희를 버리지 아니하고 (히 13:5).

Q. 당신은 재테크나 부수입에 관심이 있나요?

20

20

20

하나님의 약속은 얼마든지 그리스도 안에서 예가 되니
그런즉 그로 말미암아 우리가 아멘 하여 하나님께 영광을 돌리게 되느니라 (고후 1:20).

Q. 내 인생에서 "예스(Yes)"라는 대답을 듣고
가장 기뻤던 사건은 무엇인가요?

20

20

20

06. 22

그가 내 길을 살피지 아니하시느냐
내 걸음을 다 세지 아니하시느냐(욥 31:4).

Q. 내가 스스로 걷는다고 생각했지만
사실은 이끌림 받았던 경험은 언제였나요?

20

20

20

상심한 자들을 고치시며 그들의 상처를 싸매시는도다(시 147:3).

Q. 최근 마음의 상처를 달래준 "사소한 일"은 무엇이었나요?

20

20

20

너희를 위로하는 자는 나 곧 나이니라 너는 어떠한 자이기에
죽을 사람을 두려워하며 풀 같이 될 사람의 아들을 두려워하느냐(사 51:12).

Q. 현재 나의 가장 큰 두려움의 원천은 무엇인가요?

20

20

20

여호와여 주의 이름을 아는 자는 주를 의지하오리니
이는 주를 찾는 자들을 버리지 아니하심이니이다 (시 9:10).

Q. 이름을 불러주는 것만으로도 힘이 났던 경험이 있나요?

20 _____

_____

_____

20 _____

_____

_____

20 _____

_____

_____

여호와는 그들의 힘이시요 그의 기름 부음 받은 자의 구원의 요새이시로다 (시 28:8).

Q. 나는 다른 이들에게 든든한 사람인가요?

20

20

20

06. 27

너희에게는 심지어 머리털까지도 다 세신 바 되었나니
두려워하지 말라 너희는 많은 참새보다 더 귀하니라(눅 12:7).

Q. 머리카락까지 세신다는 말처럼,
내가 느낀 "섬세한 배려"는 무엇이었나요?

20

20

20

06. 28

하나님이 이르시되 그가 나를 사랑한즉 내가 그를 건지리라
그가 내 이름을 안즉 내가 그를 높이리라 (시 91:14).

Q. 오늘 내가 하나님께 드리고 싶은 사랑의 고백은 무엇인가요?

20

20

20

06. 29

이는 나 여호와 너의 하나님이 네 오른손을 붙들고 네게 이르기를
두려워하지 말라 내가 너를 도우리라 할 것임이니라 (사 41:13).

Q. 내 미래를 생각할 때, 하나님의 붙드심을 신뢰하고 있나요?

20

20

20

06. 30

이 일을 누가 행하였느냐 누가 이루었느냐 누가 처음부터 만대를 불러내었느냐 나 여호와라 (사 41:4).

Q. "이건 정말 하나님이 하셨다"라고 생각되는 사건은 무엇인가요?

20

20

20

7월

July

믿음과 훈련

07. 01

네 길을 여호와께 맡기라 그를 의지하면 그가 이루시고 (시 37:5).

Q. 최근에 "하나님께 맡겨야겠다" 하고 내려놓은 일은 무엇인가요?

20

20

20

07. 02

예수께서 이르시되 할 수 있거든이 무슨 말이냐
믿는 자에게는 능히 하지 못할 일이 없느니라 하시니 (막 9:23).

Q. 하나님을 믿지 못하고 의심했던 일이 있나요?

20

20

20

나의 하나님이여 내가 주의 뜻 행하기를 즐기오니
주의 법이 나의 심중에 있나이다 하였나이다 (시 40:8).

Q. 내 마음속에 가장 오래 남은 하나님의 법이나 뜻은 무엇인가요?

20

20

20

07. 04

모든 것 위에 믿음의 방패를 가지고
이로써 능히 악한 자의 모든 불화살을 소멸하고 (엡 6:16).

Q. 믿음의 방패로 막아야 할 오늘의 '불화살'은 무엇인가요?

20

20

20

07. 05

너희가 나를 사랑하면 나의 계명을 지키리라 (요 14:15).

Q. 내가 가장 지키기 어려운 '약속'은 어떤 종류인가요?

20

20

20

07. 06

너희는 말씀을 행하는 자가 되고 듣기만 하여
자신을 속이는 자가 되지 말라 (약 1:22).

Q. 더 이상 듣기만 하지 않고 실행으로 전환할 내용이 있나요?

20

20

20

07. 07

너희 몸을 하나님이 기뻐하시는 거룩한 산 제물로 드리라
이는 너희가 드릴 영적 예배니라 (롬 12:1).

Q. 내가 몸을 다 바쳐 몰입했던 경험은 언제인가요?

20 _____
   _____
   _____

20 _____
   _____
   _____

20 _____
   _____
   _____

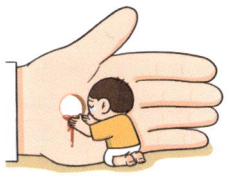

내가 그리스도와 함께 십자가에 못 박혔나니
그런즉 이제는 내가 사는 것이 아니요
오직 내 안에 그리스도께서 사시는 것이라 (갈 2:20).

Q. 예전의 나와 비교해 지금은 달라진 습관 한 가지는 무엇인가요?

20 _____
 _____
 _____

20 _____
 _____
 _____

20 _____
 _____
 _____

오직 너희의 심령이 새롭게 되어 하나님을 따라
의와 진리의 거룩함으로 지으심을 받은 새 사람을 입으라 (엡 4:23-24).

Q. 지금의 나를 있게 한 인생의 터닝 포인트가 있나요?

20

20

20

07. 10

오직 성령의 열매는 사랑과 희락과 화평과 오래 참음과
자비와 양선과 충성과 온유와 절제니(갈 5:22-23).

Q. 요즘 내 안에 맺히고 있는 '열매' 같은 성과는 무엇인가요?

20

20

20

우리는 낮에 속하였으니 정신을 차리고
믿음과 사랑의 호심경을 붙이고 구원의 소망의 투구를 쓰자 (살전 5:8).

Q. 최근에 정신을 번쩍 차리게 한 사건은 무엇인가요?

20

20

20

근신하라 깨어라
너희 대적 마귀가 우는 사자 같이 두루 다니며 삼킬 자를 찾나니 (벧전 5:8).

Q. 내가 누군가와 평화를 지키기 위해 참았던 일은 무엇인가요?

20

20

20

07. 13

그러므로 우리가 화평의 일과 서로 덕을 세우는 일을 힘쓰나니 (롬 14:19).

Q. "내가 참 잘했다" 싶은 양보의 경험은 언제였나요?

20

20

20

고기도 먹지 아니하고 포도주도 마시지 아니하고
무엇이든지 네 형제로 거리끼게 하는 일을 아니함이 아름다우니라(롬 14:21).

Q. 내 행동으로 동료나 친구가 실망한 적이 있나요?

20

20

20

07. 15

이는 너희가 흠이 없고 순전하여 어그러지고 거스르는 세대 가운데서
하나님의 흠 없는 자녀로 세상에서 그들 가운데 빛들로 나타내며 (빌 2:15).

Q. 나는 언제 가장 나답고 빛나나요?

20 _____
_____
_____

20 _____
_____
_____

20 _____
_____
_____

07. 16

생명의 말씀을 밝혀 나의 달음질이 헛되지 아니하고 수고도 헛되지 아니함으로
그리스도의 날에 내가 자랑할 것이 있게 하려 함이라 (빌 2:16).

Q. 오늘 내가 자랑하고 싶은 한 가지를 꼽는다면?

20

20

20

07. 17

또한 모든 것을 해로 여김은
내 주 그리스도 예수를 아는 지식이 가장 고상하기 때문이라 (빌 3:8).

Q. 내 인생 최고의 지식은 무엇이라고 생각하나요?

20

20

20

07. 18

위의 것을 생각하고 땅의 것을 생각하지 말라(골 3:2).

Q. 삶의 마지막 순간에 후회하지 않으려면
지금 무엇을 바꿔야 할까요?

20

20

20

07. 19

또 무엇을 하든지 말에나 일에나 다 주 예수의 이름으로 하고
그를 힘입어 하나님 아버지께 감사하라(골 3:17).

Q. 오늘 내가 제일 감사했던 일은 무엇인가요?

20

20

20

07. 20

하나님 아버지 앞에서 정결하고 더러움이 없는 경건은
곧 고아와 과부를 그 환난중에 돌보고
또 자기를 지켜 세속에 물들지 아니하는 그것이니라 (약 1:27).

Q. 나는 구제 활동을 하고 있나요? (봉사, 기부 등)

20

20

20

07. 21

이 세상이나 세상에 있는 것들을 사랑하지 말라
누구든지 세상을 사랑하면 아버지의 사랑이 그 안에 있지 아니하니 (요일 2:15).

Q. 한때는 미친듯이 좋아했지만
지금은 쳐다보지 않는 '세상 것'은 무엇인가요?

20

20

20

07. 22

이 세상도, 그 정욕도 지나가되
오직 하나님의 뜻을 행하는 자는 영원히 거하느니라 (요일 2:17).

Q. 내가 죽은 뒤에 나는 어떤 사람으로 기억되기를 원하나요?

20

20

20

만일 너희에게 믿음이 겨자씨 한 알 만큼만 있어도
이 산을 명하여 여기서 저기로 옮겨지라 하면 옮겨질 것이요 (마 17:20).

Q. 겨자씨만 한 믿음으로 오늘 도전할 한 가지는 무엇인가요?

20

20

20

07. 24

너희가 믿음이 있고 의심하지 아니하면 …
이 산더러 들려 바다에 던져지라 하여도 될 것이요 (마 21:21).

Q. "이건 진짜 불가능하다" 싶었는데 결국 이뤄낸 경험이 있나요?

20

20

20

07. 25

여호와를 의뢰하고 선을 행하라
땅에 머무는 동안 그의 성실을 먹을 거리로 삼을지어다 (시 37:3).

Q. 선을 행하며 성실로 살아갈 오늘의 장소는?

20

20

20

07. 26

예수께서 이르시되 너는 나를 본 고로 믿느냐
보지 못하고 믿는 자들은 복되도다 하시니라 (요 20:29).

Q. 직접 보진 못했지만 믿고 있는 건 무엇인가요?

20

20

20

이르되 주 예수를 믿으라 그리하면 너와 네 집이 구원을 받으리라 하고 (행 16:31).

Q. 가족 중에 전도하고 싶은 사람이 있나요?

20

20

20

07. 28

복음에는 하나님의 의가 나타나서 믿음으로 믿음에 이르게 하나니
기록된 바 오직 의인은 믿음으로 말미암아 살리라(롬 1:17).

Q. "믿음으로 살아간다"는 말이 와닿았던 경험이 있나요?

20

20

20

07. 29

그러므로 믿음은 들음에서 나며
들음은 그리스도의 말씀으로 말미암았느니라 (롬 10:17).

Q. 내가 듣고 또 들어도 힘이 나는 말은 무엇인가요?

20

20

20

07. 30

또 무리에게 이르시되 아무든지 나를 따라오려거든
자기를 부인하고 날마다 제 십자가를 지고 나를 따를 것이니라(눅 9:23).

Q. 나만의 '자기 부인 훈련법'이 있다면 무엇인가요?

20

20

20

07. 31

무릇 하나님께로부터 난 자마다 세상을 이기느니라
세상을 이기는 승리는 이것이니 우리의 믿음이니라 (요일 5:4).

Q. 살아오면서 이룬 가장 큰 성취는 무엇이였나요?

20

20

20

8월

August

능력과 은혜

08. 01

나를 사랑하는 자들이 나의 사랑을 입으며
나를 간절히 찾는 자가 나를 만날 것이니라 (잠 8:17).

Q. 누군가를 진심으로 사랑하고 있나요?

20

20

20

나의 도움은 천지를 지으신 여호와에게서로다 (시 121:2).

Q. 내가 기대는 "도움의 원천"은 누구 혹은 무엇인가요?

20

20

20

08. 03

높음이나 깊음이나 다른 어떤 피조물이라도
우리를 우리 주 그리스도 예수 안에 있는
하나님의 사랑에서 끊을 수 없으리라 (롬 8:39).

Q. 최근 내가 사랑받고 있다는 걸 느낀 순간이 있나요?

20

20

20

08. 04

너희는 여호와를 영원히 신뢰하라
주 여호와는 영원한 반석이심이로다 (사 26:4).

Q. 신뢰감이 드는 사람의 특징은 무엇일까요?

20

20

20

사랑하는 자들아 우리가 서로 사랑하자 사랑은 하나님께 속한 것이니
사랑하는 자마다 하나님으로부터 나서 하나님을 알고 (요일 4:7).

Q. 사랑을 배우게 된 인생의 첫 기억은 무엇인가요?

20

20

20

08. 06

우리가 하나님을 사랑한 것이 아니요 하나님이 우리를 사랑하사
우리 죄를 속하기 위하여 화목제물로 그 아들을 보내셨음이라 (요일 4:10).

Q. 나를 위해 누군가가 희생해 준 적이 있나요?

20

20

20

하나님이 우리를 사랑하시는 사랑을 우리가 알고 믿었느니
하나님은 사랑이시라 사랑 안에 거하는 자는 하나님 안에 거하고 (요일 4:16).

Q. 내가 머물고 싶은 사랑의 공간 혹은 공동체는 어디인가요?

20

20

20

08. 08

너희 자녀들은 장래 일을 말할 것이며 너희 늙은이는 꿈을 꾸며
너희 젊은이는 이상을 볼 것이며 (욜 2:28).

Q. 최근에 꾼 꿈 중에 유난히 기억나는 내용이 있나요?

20

20

20

나는 너희로 회개하게 하기 위하여 물로 세례를 베풀거니와 …
그는 성령과 불로 너희에게 세례를 베푸실 것이요 (마 3:11).

Q. 자기 잘못을 잘 인정하는 편인가요?

20

20

20

08. 10

너희가 악할지라도 좋은 것을 자식에게 줄 줄 알거든
하물며 너희 하늘 아버지께서 구하는 자에게
성령을 주시지 않겠느냐 하시니라 (눅 11:13).

Q. 나에게 여분의 시간이 주어진다면, 어디에 쓰고 싶나요?

20

20

20

08. 11

마땅히 할 말을 성령이 곧 그때에 너희에게 가르치시리라 하시니라(눅 12:12).

Q. 나는 어떤 방식으로 나를 표현하나요? (말, 글, 행동 등)

20

20

20

08. 12

내가 아버지께 구하겠으니 그가 또 다른 보혜사를 너희에게 주사
영원토록 너희와 함께 있게 하리니 (요 14:16).

Q. 나와 항상 함께해 줬으면 하는 존재는 누구인가요?

20

20

20

너희는 너희가 하나님의 성전인 것과
하나님의 성령이 너희 안에 계시는 것을 알지 못하느냐 (고전 3:16).

Q. 나는 언제 내 안이 텅 비었다고 느끼나요?
또 언제 채워짐을 느끼나요?

20

20

20

소망의 하나님이 모든 기쁨과 평강을 믿음 안에서 너희에게 충만하게 하사
성령의 능력으로 소망이 넘치게 하시기를 원하노라 (롬 15:13).

Q. 주변에서 진실을 말해줘서 고마웠던 기억이 있나요?

20

20

20

내가 떠나가지 아니하면 보혜사가 너희에게로 오시지 아니할 것이요
가면 내가 그를 너희에게로 보내리니 (요 16:7).

Q. 떠나보내야만 했지만, 그게 결국 좋은 선택이었던 경험이 있나요?

20

20

20

08. 16

오직 성령이 너희에게 임하시면 너희가 권능을 받고
예루살렘과 온 유대와 사마리아와 땅 끝까지 이르러
내 증인이 되리라 하시니라 (행 1:8).

Q. 내가 원하는 "슈퍼 파워"가 있다면?

20

20

20

08. 17

베드로가 이르되 너희가 회개하여
각각 예수 그리스도의 이름으로 세례를 받고 죄 사함을 받으라
그리하면 성령의 선물을 받으리니 (행 2:38).

Q. 오늘, 내가 회개할 한 가지는?

20

20

20

08. 18

오직 하나님이 성령으로 이것을 우리에게 보이셨으니
성령은 모든 것 곧 하나님의 깊은 것이라도 통달하시느니라 (고전 2:10).

Q. 요즘 내가 가장 많이 생각하는 관심사는 무엇인가요?

20

20

20

08. 19

그런즉 믿음, 소망, 사랑, 이 세 가지는 항상 있을 것인데
그 중의 제일은 사랑이라 (고전 13:13).

Q. 세 가지 중 지금 가장 필요한 건 믿음, 소망, 사랑 중 무엇인가요?

20

20

20

08. 20

하나님은 약속을 기업으로 받는 자들에게
그 뜻이 변하지 아니함을 충분히 나타내시려고
그 일을 맹세로 보증하셨나니 (히 6:17).

Q. 올해 결심하거나 약속했던 것들은 무엇이 있나요?

20

20

20

의인은 그의 길을 굳게 가리라
손이 깨끗한 자는 점점 힘을 얻느니라(욥 17:9).

Q. 몸과 마음의 체력을 꾸준히 단련하고 있나요?

20

20

20

하나님이여 위엄을 성소에서 나타내시나이다
이스라엘의 하나님은 그의 백성에게 힘과 능력을 주시나니
하나님을 찬송할지어다(시 68:35).

Q. 내가 가장 좋아하는 CCM과 이유는?

20

20

20

나를 사랑하는 자는 내 아버지께 사랑을 받을 것이요
나도 그를 사랑하여 그에게 나를 나타내리라 (요 14:21).

Q. 나는 상대방의 어떤 모습에 사랑을 느끼나요?

20

20

20

08. 24

보혜사 곧 아버지께서 내 이름으로 보내실 성령 그가
너희에게 모든 것을 가르치고
내가 너희에게 말한 모든 것을 생각나게 하리라 (요 14:26).

Q. 모르는 게 있을 때 물어보는 편인가요?
혼자서 해결하는 편인가요?

20

20

20

08. 25

독수리가 날개 치며 올라감 같을 것이요 달음박질하여도 곤비하지 아니하겠고
걸어가도 피곤하지 아니하리로다 (사 40:31).

Q. 내가 만약 독수리라면,
내 인생은 현재 순풍인가요? 역풍인가요?

20 _____

_____

_____

20 _____

_____

_____

20 _____

_____

_____

그의 영광의 풍성함을 따라 그의 성령으로 말미암아
너희 속사람을 능력으로 강건하게 하시오며 (엡 3:16).

Q. 내 마음속을 단단히 지탱해 주는 기도나 문장은 무엇인가요?

20

20

20

우리 가운데서 역사하시는 능력대로 우리가 구하거나 생각하는 모든 것에 더 넘치도록 능히 하실 이에게(엡 3:20).

Q. 살면서 불가능하다고 생각했던 일이 이뤄진 적이 있나요?

20

20

20

08. 28

내게 능력 주시는 자 안에서 내가 모든 것을 할 수 있느니라 (빌 4:13).

Q. 힘들 때마다 "나는 이것 덕분에 버틴다"고
말할 수 있는 건 무엇인가요?

20

20

20

08. 29

그의 영광의 힘을 따라 모든 능력으로 능하게 하시며
모든 견딤과 오래 참음에 기쁨으로(골 1:11).

Q. 나를 웃게 하는 소소한 행복은 무엇인가요?

20

20

20

바다를, 넓고 깊은 물을 말리시고 바다 깊은 곳에 길을 내어
구속 받은 자들을 건너게 하신 이가 어찌 주가 아니시니이까(사 51:10).

Q. 막막한 문제를 만날 때, 나의 첫 반응은 무엇인가요?

20

20

20

08. 31

여호와는 나의 빛이요 나의 구원이시니 내가 누구를 두려워하리요
여호와는 내 생명의 능력이시니 내가 누구를 무서워하리요 (시 27:1).

Q. 내가 무서워하지 않는 환경이나 조건은 무엇인가요?

20

20

20

9월
September

구원과 감격

09. 01

하나님이 세상을 이처럼 사랑하사 독생자를 주셨으니
이는 그를 믿는 자마다 멸망하지 않고 영생을 얻게 하려 하심이라 (요 3:16).

Q. 영원히 살 수 있다면, 어떤 삶을 살고 싶나요?

20

20

20

이것은 죄 사함을 얻게 하려고 많은 사람을 위하여 흘리는 바
나의 피 곧 언약의 피니라 (마 26:28).

Q. 죄 사함의 피가 닿을 때, 무엇이 씻겨 나가길 원하나요?

20

20

20

09. 03

우리가 아직 죄인 되었을 때에 그리스도께서 우리를 위하여 죽으심으로
하나님께서 우리에 대한 자기의 사랑을 확증하셨느니라 (롬 5:8).

Q. 십자가를 묵상하면 어떤 생각이 드나요?

20

20

20

내가 주는 물을 마시는 자는 영원히 목마르지 아니하리니
내가 주는 물은 그 속에서 영생하도록 솟아나는 샘물이 되리라(요 4:14).

Q. 기억에 남은 지독하게 목마르던 순간이 있나요?
(운동, 여행, 여름날 등)

20

20

20

09. 05

그의 십자가의 피로 화평을 이루사 만물 곧 땅에 있는 것들이나 하늘에 있는 것들을 그로 말미암아 자기와 화목하게 되기를 기뻐하심이라 (골 1:20).

Q. 나 자신과 잘 지내기 위해서는 어떻게 해야 될까요?

20

20

20

09. 06

자기의 죄를 숨기는 자는 형통하지 못하나
죄를 자복하고 버리는 자는 불쌍히 여김을 받으리라 (잠 28:13).

Q. 비밀을 숨겼다가 결국 털어놓고 나서
마음이 가벼워졌던 적이 있나요?

20

20

20

09.07

그가 찔림은 우리의 허물 때문이요 그가 상함은 우리의 죄악 때문이라
그가 징계를 받으므로 우리는 평화를 누리고 (사 53:5).

Q. 나의 허물과 죄악에 관해 종종 생각하나요?

20

20

20

09. 08

우리는 그리스도 안에서 그의 은혜의 풍성함을 따라
그의 피로 말미암아 속량 곧 죄 사함을 받았느니라 (엡 1:7).

Q. 최근에 내가 경험한 가장 평화로운 시간은 언제였나요?

20

20

20

09.09

예수께서 이르시되 나는 생명의 떡이니 내게 오는 자는 결코 주리지 아니할 터이요 나를 믿는 자는 영원히 목마르지 아니하리라 (요 6:35).

Q. "다시는 돌아오지 않을 것" 같았는데 회복된 관계가 있나요?

20

20

20

09. 10

내가 그들에게 영생을 주노니 영원히 멸망하지 아니할 것이요
또 그들을 내 손에서 빼앗을 자가 없느니라 (요 10:28).

Q. 인생에서 가장 슬펐던 장례식이 있나요? 그때 무슨 생각을 했나요?

20

20

20

예수께서 이르시되
나는 부활이요 생명이니 나를 믿는 자는 죽어도 살겠고 (요 11:25).

Q. 가장 기억에 남는 회복, 휴식, 휴가의 경험은?

20

20

20

자기의 육체를 위하여 심는 자는 육체로부터 썩어질 것을 거두고
성령을 위하여 심는 자는 성령으로부터 영생을 거두리라 (갈 6:8).

Q. 심은 대로 거둔 적이 있나요? 그때 어떤 교훈을 얻었나요?

20

20

20

09. 13

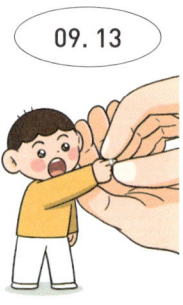

우리로 그의 은혜를 힘입어 의롭다 하심을 얻어
영생의 소망을 따라 상속자가 되게 하려 하심이라 (딛 3:7).

Q. 나에게 엄청난 유산이 상속된다면 뭘 하고 싶나요?

20

20

20

09. 14

또 증거는 이것이니 하나님이 우리에게 영생을 주신 것과
이 생명이 그의 아들 안에 있는 그것이라 (요일 5:11).

Q. 무엇이든 증거나 근거가 중요한 성격인가요?

20

20

20

09. 15

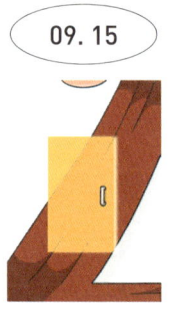

내가 문이니 누구든지 나로 말미암아 들어가면 구원을 받고
또는 들어가며 나오며 꼴을 얻으리라 (요 10:9).

Q. 인생의 결정적인 선택의 순간에 나를 살린 올바른 선택이 있었나요?

20

20

20

09. 16

무덤 속에 있는 자가 다 그의 음성을 들을 때가 오나니
선한 일을 행한 자는 생명의 부활로,
악한 일을 행한 자는 심판의 부활로 나오리라 (요 5:28-29).

Q. 무덤 같은 고요함을 경험했던 순간은 언제인가요?

20

20

20

내게 주신 자 중에 내가 하나도 잃어버리지 아니하고
마지막 날에 다시 살리는 이것이니라 (요 6:39).

Q. 잃어버린 물건 중 가장 기적적으로 찾은 것은 무엇인가요?

20

20

20

우리가 흙에 속한 자의 형상을 입은 것 같이
또한 하늘에 속한 이의 형상을 입으리라(고전 15:49).

Q. 내가 닮고 싶은 사람은 누구인가요? 이유는 무엇인가요?

20

20

20

09. 19

나팔 소리가 나매 죽은 자들이 썩지 아니할 것으로 다시 살아나고
우리도 변화하리라 (고전 15:52).

Q. 비포 vs. 애프터의 차이가 가장 컸던 변화는 무엇이었나요?

20

20

20

09. 20

누구든지 주의 이름을 부르는 자는 구원을 받으리라 (롬 10:13).

Q. 가장 전도하고 싶은 사람은 누구인가요?

20

20

20

09. 21

이 썩을 것이 불가불 썩지 아니할 것을 입겠고
이 죽을 것이 죽지 아니함을 입으리로다 (고전 15:54).

Q. 소중한 것이 있으면 아끼는 편인가요? 잘 사용하는 편인가요?

20

20

20

주 예수를 다시 살리신 이가 예수와 함께 우리도 다시 살리사
너희와 함께 그 앞에 서게 하실 줄을 아노라(고후 4:14).

Q. 누군가 나 대신 책임을 져준 기억이 있나요?

20

20

20

09. 23

그 후에 우리 살아 남은 자들도 그들과 함께 구름 속으로 끌어 올려
공중에서 주를 영접하게 하시리니
그리하여 우리가 항상 주와 함께 있으리라 (살전 4:17).

Q. 예수님을 만나는 순간을 상상해 본다면?

20

20

20

09. 24

내가 여호와를 기다리고 기다렸더니
귀를 기울이사 나의 부르짖음을 들으셨도다 (시 40:1).

Q. 내 말을 가장 잘 들어주는 사람은 누구인가요?

20

20

20

09. 25

나를 기가 막힐 웅덩이와 수렁에서 끌어 올리시고 내 발을 반석 위에 두사
내 걸음을 견고하게 하셨도다 (시 40:2).

Q. 최근에 진퇴양난에 빠졌다고 느낀 적이 있나요?

20

20

20

09. 26

여호와 나의 하나님이여
주께서 행하신 기적이 많고 우리를 향하신 주의 생각도 많아
누구도 주와 견줄 수 없나이다 (시 40:5).

Q. 올해 나에게 일어난 기적은 무엇인가요?

20

20

20

09. 27

그가 네 모든 죄악을 사하시며 네 모든 병을 고치시며 (시 103:3).

Q. 몸의 병이나 고통으로 고생하다가 나았던 경험이 있나요?

20

20

20

09. 28

동이 서에서 먼 것 같이 우리의 죄과를 우리에게서 멀리 옮기셨으며(시 103:12).

Q. 나는 조금씩 더 진정한 그리스도인이 되어가고 있나요?

20

20

20

09. 29

친히 나무에 달려 그 몸으로 우리 죄를 담당하셨으니
이는 우리로 죄에 대하여 죽고 의에 대하여 살게 하려 하심이라 (벧전 2:24).

Q. 최근에 용서하거나 용서받은 경험이 있나요?

20

20

20

만일 우리가 우리 죄를 자백하면 그는 미쁘시고 의로우사
우리 죄를 사하시며 우리를 모든 불의에서 깨끗하게 하실 것이요 (요일 1:9).

Q. 내 인생을 구한 한 사람을 꼽는다면 누구인가요?

20

20

20

10월
October

성화와 존귀

마음이 청결한 자는 복이 있나니 그들이 하나님을 볼 것임이요 (마 5:8).

Q. "순수하고 착하다"는 말을 들었던 기억이 있나요?

20 ―――――――――――――――――――

―――――――――――――――――――

―――――――――――――――――――

20 ―――――――――――――――――――

―――――――――――――――――――

―――――――――――――――――――

20 ―――――――――――――――――――

―――――――――――――――――――

―――――――――――――――――――

여호와께서 내 공의를 따라 상 주시며
내 손의 깨끗함을 따라 갚으셨으니 (삼하 22:21).

Q. 열심히 준비한 일에 대해 공정하게 보상받았던 경험은 언제였나요?

20

20

20

그런즉 누구든지 그리스도 안에 있으면 새로운 피조물이라
이전 것은 지나갔으니 보라 새 것이 되었도다 (고후 5:17).

Q. 내일부터 변화될 한 가지를 다짐해 본다면?

20

20

20

10. 04

악을 악으로, 욕을 욕으로 갚지 말고 도리어 복을 빌라
이를 위하여 너희가 부르심을 받았으니 (벧전 3:9).

Q. 욕을 참거나 되갚지 않고 웃으며 넘어갔던 경험이 있나요?

20

20

20

겸손과 여호와를 경외함의 보상은 재물과 영광과 생명이니라 (잠 22:4).

Q. 나를 겸손하게 만든 사건은 어떤 것이었나요?

20

20

20

악은 어떤 모양이라도 버리라 (살전 5:22).

Q. "이건 절대 안 해야지"라고 다짐한 습관은 무엇인가요?

20

20

20

10. 07

또 약속하신 이는 미쁘시니
우리가 믿는 도리의 소망을 움직이지 말며 굳게 잡고 (히 10:23).

Q. 쉽게 포기하지 않고 끝까지 붙잡은 경험은 언제인가요?

20

20

20

10. 08

그 아들 예수의 피가 우리를 모든 죄에서 깨끗하게 하실 것이요 (요일 1:7).

Q. 어떤 일을 중단하며 "새로워졌다"는 기분이 든 적 있나요?

20

20

20

게으름이 사람으로 깊이 잠들게 하나니 해태한 사람은 주릴 것이니라 (잠 19:15).

Q. 나를 늦잠 자게 만드는 건 무엇인가요?

20

20

20

10. 10

맡은 자들에게 구할 것은 충성이니라 (고전 4:2).

Q. 내가 맡은 역할이 제일 자랑스러웠던 순간은 언제인가요?

20

20

20

10. 11

여호와를 경외하는 것은 악을 미워하는 것이라
나는 교만과 거만과 악한 행실과 패역한 입을 미워하느니라 (잠 8:13).

Q. "악하다"라는 생각이 들었던 내 행동은 무엇이 있나요?

20

20

20

10. 12

교만이 오면 욕도 오거니와 겸손한 자에게는 지혜가 있느니라(잠 11:2).

Q. 교만했던 나를 돌아본 적 있나요?

20

20

20

10. 13

너희는 내가 일러 준 말로 이미 깨끗하여졌으니 (요 15:3).

Q. 물이나 비로 깨끗해지는 걸 보면 어떤 기분인가요?

20

20

20

또 너희가 내 이름으로 말미암아 모든 사람에게 미움을 받을 것이나
너희 머리털 하나도 상하지 아니하리라 (눅 21:17-18).

Q. 나는 그리스도인인 것을 주변에 드러내는 편인가요?

20

20

20

10. 15

그러므로 누구든지 이 어린 아이와 같이 자기를 낮추는 사람이
천국에서 큰 자니라 (마 18:4).

Q. 어린 시절 나는 무엇을 할 때 가장 즐거웠나요?

20

20

20

일의 끝이 시작보다 낫고 참는 마음이 교만한 마음보다 나으니 (전 7:8).

Q. 나는 시작을 잘하는 사람인가요? 마무리를 잘하는 사람인가요?

20

20

20

악을 꾀하는 자에게는 속임이 있거니와
화평을 의논하는 자에게는 희락이 있느니라 (잠 12:20).

Q. 갈등 끝에 화해하며 웃었던 기억이 있나요?

20

20

20

음행을 피하라 사람이 범하는 죄마다 몸 밖에 있거니와
음행하는 자는 자기 몸에 죄를 범하느니라 (고전 6:18).

Q. 몸을 지키기 위해 피하는 습관 한 가지는 무엇인가요?

20

20

20

10. 19

화평하게 하는 자는 복이 있나니
그들이 하나님의 아들이라 일컬음을 받을 것임이요 (마 5:9).

Q. 나는 사람들에게 뭐라고 불리나요? (별명, 직책 등)

20

20

20

10. 20

너희가 서로 사랑하면
이로써 모든 사람이 너희가 내 제자인 줄 알리라 (요 13:35).

Q. 내일을 함께 보내고 싶은 사람은 누구인가요?

20 _____

20 _____

20 _____

주 예수 그리스도의 이름과 우리 하나님의 성령 안에서
씻음과 거룩함과 의롭다 하심을 받았느니라 (고전 6:11).

Q. 깨끗하게 씻고 나서 기분까지 상쾌했던 경험이 있나요?

20

20

20

네 혀를 악에서 금하며 네 그 입술을 거짓말에서 금할지어다 (시 34:13).

Q. 내가 자주 하는 말버릇은 무엇인가요?

20

20

20

10. 23

진실한 입술은 영원히 보존되거니와
거짓 혀는 잠시 동안만 있을 뿐이니라 (잠 12:19).

Q. 내가 들은 말 중 가장 오래 마음에 남아있는 말은 무엇인가요?

20

20

20

10. 24

여호와의 눈은 어디서든지 악인과 선인을 감찰하시느니라(잠 15:3).

Q. 결국은 선인이 승리한다는 걸 믿나요?

20

20

20

사람은 그 입의 대답으로 말미암아 기쁨을 얻으나
때에 맞는 말이 얼마나 아름다운고 (잠 15:23).

Q. 나는 때에 맞는 태도를 잘 갖추는 편인가요?
(옷, 말투, 행동 등)

20

20

20

10. 26

선한 말은 꿀송이 같아서 마음에 달고 뼈에 양약이 되느니라 (잠 16:24).

Q. 마음에 달고 양약이 되는 칭찬의 말은 어떤 게 있을까요?

20

20

20

10. 27

내가 너희의 모든 대적이 능히 대항하거나 변박할 수 없는
구변과 지혜를 너희에게 주리라 (눅 21:15).

Q. 원수의 코를 납작하게 만든 경험이 있나요? 그때 기분이 어땠나요?

20

20

20

네 원수가 배고파하거든 음식을 먹이고 목말라하거든 물을 마시게 하라 …
여호와께서 네게 갚아 주시리라(잠 25:21-22).

Q. 미운 사람에게 호의를 베푼 적이 있나요? 왜 그랬나요?

20

20

20

10. 29

우리의 싸우는 무기는 육신에 속한 것이 아니요
오직 어떤 견고한 진도 무너뜨리는 하나님의 능력이라 (고후 10:4).

Q. 내 마음속 견고한 벽이 무너진 경험은 무엇인가요?

20

20

20

10. 30

내가 너희를 세상에서 택하였기 때문에 세상이 너희를 미워하느니라 (요 15:19).

Q. 그리스도인으로서 세상에서
미움이나 부당한 대우를 받은 적이 있나요?

20

20

20

예수께서 이르시되 나도 너를 정죄하지 아니하노니
가서 다시는 죄를 범하지 말라 하시니라 (요 8:11).

Q. 비교하는 마음이 들 때는 어떻게 자신을 다스리나요?

20

20

20

11월
November

승리와 영광

11.01

값으로 산 것이 되었으니 그런즉 너희 몸으로 하나님께 영광을 돌리라 (고전 6:20).

Q. 최근에 "밥값은 했다"라고 뿌듯했던 순간이 있었나요?

20 _____

20 _____

20 _____

11. 02

그러나 이 모든 일에 우리를 사랑하시는 이로 말미암아
우리가 넉넉히 이기느니라(롬 8:37).

Q. 최근 가장 기분 좋았던 승리의 경험이 있다면?

20

20

20

악인은 그의 길을, 불의한 자는 그의 생각을 버리고
여호와께로 돌아오라 그리하면 그가 긍휼히 여기시리라 (사 55:7).

Q. 10년 후에 후회할 만한 지금의 나의 모습은 무엇인가요?

20

20

20

오직 너희의 심령이 새롭게 되어 하나님을 따라
의와 진리의 거룩함으로 지으심을 받은 새 사람을 입으라 (엡 4:23-24).

Q. 인생을 재부팅할 수 있다면 어떻게 세팅하고 싶나요?

20

20

20

11. 05

주 여호와의 영이 내게 내리셨으니
이는 여호와께서 내게 기름을 부으사
가난한 자에게 아름다운 소식을 전하게 하려 하심이라 (사 61:1).

Q. 최근에 내가 들은 가장 기쁜 소식은 무엇이었나요?

20 _____

20 _____

20 _____

진리를 알지니 진리가 너희를 자유롭게 하리라 (요 8:32).

Q. 내가 가장 자유로워지는 장소나 환경이 있다면?

20

20

20

11. 07

이는 그리스도 예수 안에 있는 생명의 성령의 법이
죄와 사망의 법에서 너를 해방하였음이라 (롬 8:2).

Q. 어두운 밤을 뚫고 새벽을 기다렸던 경험이 있나요?

20

20

20

밤이 깊고 낮이 가까웠으니
그러므로 우리가 어둠의 일을 벗고 빛의 갑옷을 입자(롬 13:12).

Q. 추위를 견디게 하는 나만의 비밀 아이템이 있나요?

20

20

20

진리의 말씀과 하나님의 능력으로 의의 무기를 좌우에 가지고 (고후 6:7).

Q. 성경 인물들이 받은 축복 중에 가장 가지고 싶은 것은?

20

20

20

끝으로 너희가 주 안에서와 그의 힘의 능력으로 강건하여지고 (엡 6:10).

Q. 별다른 말을 하지 않아도 힘이 되는 사람이 있나요?

20

20

20

평안의 복음이 준비한 것으로 신을 신고 (엡 6:15).

Q. 오늘 나는 어떤 신발을 신었나요? 왜 그걸 골랐나요?

20

20

20

우리 주 예수 그리스도로 말미암아
우리에게 승리를 주시는 하나님께 감사하노니 (고전 15:57).

Q. 회사, 직장, 가정에서 구별된 자로 살았나요?

20

20

20

분을 내어도 죄를 짓지 말며
해가 지도록 분을 품지 말고 마귀에게 틈을 주지 말라(엡 4:26-27).

Q. 나는 다혈질인가요? 잘 참는 편인가요?

20

20

20

11. 14

그런즉 너희는 하나님께 복종할지어다 마귀를 대적하라
그리하면 너희를 피하리라 (약 4:7).

Q. 나를 유혹에 빠지게 하는 사람이나 환경이 있다면?

20

20

20

11. 15

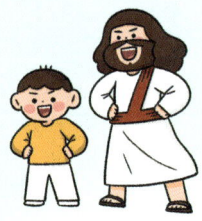

예수께서 하나님의 아들이심을 믿는 자가 아니면
세상을 이기는 자가 누구냐(요일 5:5).

Q. 세상에 맞서더라도 꼭 지키고 싶은 신념은 무엇인가요?

20

20

20

11. 16

불시험을 이상한 일 당하는 것 같이 이상히 여기지 말고
오히려 너희가 그리스도의 고난에 참여하는 것으로 즐거워하라 (벧전 4:12-13).

Q. 예상치 못한 고난을 즐겁게 받아들인 적이 있나요?

20

20

20

11. 17

이는 보좌 가운데에 계신 어린 양이
그들의 목자가 되사 생명수 샘으로 인도하시고
하나님께서 그들의 눈에서 모든 눈물을 씻어 주실 것임이라 (계 7:17).

Q. 최근 당신이 힘들 때 눈물을 닦아 준 사람은 누구였나요?

20 _____
_____
_____

20 _____
_____
_____

20 _____
_____
_____

너희를 우리 주 예수 그리스도의 날에 책망할 것이 없는 자로
끝까지 견고하게 하시리라 (고전 1:8).

Q. 내가 생각하는 자신의 달란트는 무엇인가요?

20

20

20

11. 19

주는 미쁘사 너희를 굳건하게 하시고 악한 자에게서 지키시리라(살후 3:3).

Q. 현재 나를 지키고 있는 울타리는 뭐가 있나요?

20

20

20

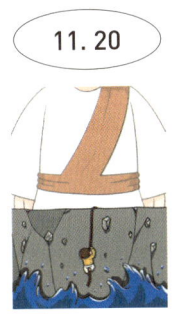

11. 20

생각하건대 현재의 고난은
장차 우리에게 나타날 영광과 비교할 수 없도다 (롬 8:18).

Q. 지금 겪는 어려움이 언젠가 영광으로 바뀔 거라고
믿는 부분은 무엇인가요?

20

20

20

우리가 하나님을 의지하고 용감히 행하리니
그는 우리의 대적을 밟으실 이심이로다(시 60:12).

Q. 함께 있을 때 조화롭고
나와 가장 "케미가 맞는" 사람은 누구인가요?

20

20

20

11. 22

그가 시험을 받아 고난을 당하셨은즉
시험 받는 자들을 능히 도우실 수 있느니라 (히 2:18).

Q. 인생에서 어려운 시험을 이겨냈던 경험은 무엇인가요?

20

20

20

내가 아는 것은 나의 구속자가 살아 계시니
마침내 그가 땅 위에 서실 것이라 (욥 19:25).

Q. 자연을 보면서 하나님의 광대하심을 느낀 적이 있나요?

20

20

20

11. 24

번개가 동편에서 나서 서편까지 번쩍임 같이 인자의 임함도 그러하리라 (마 24:27).

Q. 예수님의 재림을 생각하며 살고 있나요?

20

20

20

11. 25

그 때에 땅의 모든 족속들이 통곡하며 그들이 인자가 구름을 타고
능력과 큰 영광으로 오는 것을 보리라 (마 24:30).

Q. 내가 본 가장 멋진 하늘 장면은 언제였나요?

20

20

20

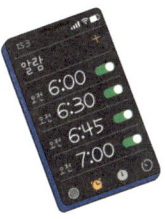

그런즉 깨어 있으라
어느 날에 너희 주가 임할는지 너희가 알지 못함이니라 (마 25:13).

Q. 예수님이 내일 오신다면 나에게 뭐라고 하실까요?

20

20

20

11. 27

그 때에 의인들은 자기 아버지 나라에서 해와 같이 빛나리라
귀 있는 자는 들으라 (마 13:43).

Q. 내가 해와 같이 빛나는 장면을 상상한다면?

20

20

20

11. 28

잘하였도다 착하고 충성된 종아 네가 적은 일에 충성하였으매
내가 많은 것을 네게 맡기리니 네 주인의 즐거움에 참여할지어다 하고 (마 25:21).

Q. 나는 물질, 시간, 재능의 청지기로서 잘 살고 있나요?

20

20

20

이제 후로는 나를 위하여 의의 면류관이 예비되었으므로
주 곧 의로우신 재판장이 그 날에 내게 주실 것이며 (딤후 4:8).

Q. 언젠가 받고 싶은 '내 인생의 면류관'은 어떤 모습인가요?

20

20

20

11. 30

주께서 나를 모든 악한 일에서 건져내시고
또 그의 천국에 들어가도록 구원하시리니
그에게 영광이 세세무궁토록 있을지어다 아멘(딤후 4:18).

Q. 천국에서 나는 하나님께 어떤 칭찬을 받고 싶나요?

20

20

20

12월

December

―――――

소망과 기쁨

12. 01

오직 우리 주 곧 구주 예수 그리스도의 은혜와 그를 아는 지식에서 자라 가라 영광이 이제와 영원한 날까지 그에게 있을지어다 아멘 (벧후 3:18).

Q. 올해 내가 배운 가장 큰 가르침은 무엇이었나요?

20

20

20

12. 02

그는 시냇가에 심은 나무가 철을 따라 열매를 맺으며
그 잎사귀가 마르지 아니함 같으니
그가 하는 모든 일이 다 형통하리로다 (시 1:3).

Q. 지금 내 삶을 "시냇가에 심은 나무"에 비유한다면 어떤 모습일까요?

20

20

20

네 길을 여호와께 맡기라 그를 의지하면 그가 이루시고 (시 37:5).

Q. 내가 맡겨놓고 잊고 싶은 걱정거리는 무엇인가요?

20

20

20

12.04

주께서 내 내장을 지으시며 나의 모태에서 나를 만드셨나이다 (시 139:13).

Q. 하나님이 나를 창조하셨다는 사실을 생각하면 어떤 느낌이 드나요?

20

20

20

이 백성은 내가 나를 위하여 지었나니 나를 찬송하게 하려 함이니라(사 43:21).

Q. 나를 위하고 도와주는 사람들은 누가 있나요?

20

20

20

12. 06

이 말씀은 나의 고난 중에 내 위로라 주의 말씀이 나를 살리셨음이니이다 (시 119:50).

Q. 하나님이 먼저 손 내밀어 주신 경험을 한 적이 있나요?

20

20

20

주께서 생명의 길을 내게 보이시리니
주의 앞에는 충만한 기쁨이 있고
주의 오른쪽에는 영원한 즐거움이 있나이다(시 16:11).

Q. 앞으로 꼭 가보고 싶은 여행지나 보고 싶은 곳이 있나요?

20

20

20

12. 08

의인은 기뻐하여 하나님 앞에서 뛰놀며 기뻐하고 즐거워할지어다 (시 68:3).

Q. 하나님 앞에 신나게 뛰며 즐거워했던 마지막 기억은 언제인가요?

20

20

20

12. 09

눈물을 흘리며 씨를 뿌리는 자는 기쁨으로 거두리로다(시 126:5).

Q. 눈물로 시작했지만 기쁨으로 끝난 경험은 무엇인가요?

20
20
20

12. 10

그가 별들의 수효를 세시고 그것들을 다 이름대로 부르시는도다(시 147:4).

Q. 잊을 수 없는 밤하늘이나 별 풍경이 있나요?

20 _____

_____

_____

20 _____

_____

_____

20 _____

_____

_____

12. 11

지금은 너희가 근심하나 내가 다시 너희를 보리니 너희 마음이 기뻐하리라
또 너희 기쁨을 빼앗을 자가 없으리라 (요 16:22).

Q. 올해 가장 기억에 남는 기쁜 뉴스나 사건은 무엇인가요?

20

20

20

12. 12

곧 네 환난을 잊을 것이라 네가 기억할지라도
물이 흘러감 같을 것이며 (욥 11:16).

Q. 힘들었던 일을 "물이 흘러가듯" 흘려보낸 일이 있나요?

20

20

20

12. 13

네가 희망이 있으므로 안전할 것이며 두루 살펴보고 평안히 쉬리라(욥 11:18).

Q. 겨울에 핀 꽃을 보면 어떤 생각이 드나요?
희망으로 안전함을 누리고 있나요?

20

20

20

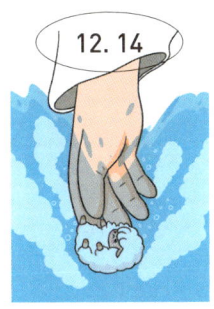

의인은 고난이 많으나 여호와께서 그의 모든 고난에서 건지시는도다 (시 34:19).

Q. "고난은 포장된 축복"이라는 이야기에 동의하나요?

20

20

20

12. 15

그러나 주께 피하는 모든 사람은 다 기뻐하며
주의 보호로 말미암아 영원히 기뻐 외치고 (시 5:11).

Q. 내가 신앙적으로 가장 뜨거웠던 시기는 언제인가요?
회복을 갈망하나요?

20

20

20

12. 16

그들이 의의 나무 곧 여호와께서 심으신 그 영광을 나타낼 자라
일컬음을 받게 하려 하심이라 (사 61:3).

Q. 나무처럼 굳게 뿌리내리고 싶다고 느끼는 곳은 어디인가요?

20

20

20

하나님 우리 아버지께서 너희 마음을 위로하시고
모든 선한 일과 말에 굳건하게 하시기를 원하노라 (살후 2:16-17).

Q. 언 마음을 녹이는 겨울철 최애 간식이 있나요?

20

20

20

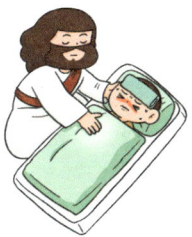

사람의 심령은 그의 병을 능히 이기려니와
심령이 상하면 그것을 누가 일으키겠느냐(잠 18:14).

Q. 올해 마음이 아파 힘들었던 경험은 무엇인가요?

20

20

20

12. 19

너는 여호와를 기다릴지어다
강하고 담대하며 여호와를 기다릴지어다 (시 27:14).

Q. 내가 끝까지 기다리고 있는 소망은 무엇인가요?

20

20

20

가서 너희를 위하여 거처를 예비하면 내가 다시 와서 너희를 내게로 영접하여
나 있는 곳에 너희도 있게 하리라 (요 14:3).

Q. "내가 다시 오겠다"는 예수님의 약속을 생각하면 어떤 기분이 드나요?

20

20

20

12. 21

만일 땅에 있는 우리의 장막 집이 무너지면
하나님께서 지으신 집 곧 손으로 지은 것이 아니요
하늘에 있는 영원한 집이 우리에게 있는 줄 아느니라 (고후 5:1).

Q. '집' 하면 떠오르는 가장 따뜻한 기억은 무엇인가요?

20

20

20

12. 22

그러나 우리의 시민권은 하늘에 있는지라
거기로부터 구원하는 자 곧 주 예수 그리스도를 기다리노니 (빌 3:20).

Q. 올해 내가 속한 공동체는 무엇이 있나요?

20

20

20

12. 23

내 이름으로 일컫는 내 백성이 그들의 악한 길에서 떠나
스스로 낮추고 기도하여 내 얼굴을 찾으면 내가 하늘에서 듣고 (대하 7:14).

Q. 나라나 공동체를 위해 기도하고 싶었던 순간은 언제였나요?

20

20

20

주 여호와여 주는 나의 소망이시라
내가 어릴 때부터 주를 의지하였나이다 (시 71:5).

Q. 올해를 시작할 때의 "내 인생의 소망"은 무엇이었나요?

20

20

20

12. 25

천사가 이르되 무서워하지 말라
보라 내가 온 백성에게 미칠 큰 기쁨의 좋은 소식을 너희에게 전하노라 (눅 2:10).

Q. 예수님께 생일 파티를 열어드린다면 무엇을 선물하고 싶나요?

20 _____
   _____
   _____

20 _____
   _____
   _____

20 _____
   _____
   _____

12. 26

이 비밀은 너희 안에 계신 그리스도시니 곧 영광의 소망이니라(골 1:27).

Q. 나는 다른 사람에게 어떤 의미 있는 사람이 되고 싶나요?

20

20

20

12. 27

주를 향하여 이 소망을 가진 자마다
그의 깨끗하심과 같이 자기를 깨끗하게 하느니라 (요일 3:3).

Q. 올해 나의 몸과 마음을 소망으로 건강하게 지켰나요?

20

20

20

12. 28

너희는 마음에 근심하지 말라 하나님을 믿으니 또 나를 믿으라(요 14:1).

Q. 당신은 긍정적인 사람인가요? 부정적인 사람인가요?

20

20

20

12. 29

또 무엇을 하든지 말에나 일에나 다 주 예수의 이름으로 하고
그를 힘입어 하나님 아버지께 감사하라 (골 3:17).

Q. 올해 가장 감사한 일은 무엇인가요?

20

20

20

12. 30

소망이 우리를 부끄럽게 하지 아니함은
우리에게 주신 성령으로 말미암아
하나님의 사랑이 우리 마음에 부은 바 됨이니(롬 5:5).

Q. 올해 가장 충만하고 행복했던 날은 언제인가요?

20

20

20

12. 31

여호와의 말씀이니라 너희를 향한 나의 생각을 내가 아나니
평안이요 재앙이 아니니라 너희에게 미래와 희망을 주는 것이니라 (렘 29:11).

Q. 내년을 향해 붙잡고 싶은 희망 한 가지는 무엇인가요?

20

20

20

콰이어트툰
그림쟁이. 착하고 충성된 종(마 25:21)으로 살아가다 천국에 가는 것을 꿈꿉니다.
두란노 『새벽나라』, 큐티엠 『어린이 큐티인』의 일러스트 작업을 하고 있고,
갓피플 만화와 인스타그램에 〈콰이어트툰〉 그림묵상을 그리고 있습니다.
첫 책으로 『도란도란 우리 가족 말씀 암송』(생명의말씀사)을 출간했습니다.

오늘도 말씀이 필요해 Q&A 365 묵상 다이어리

펴낸날 2025년 11월 26일 1판 1쇄 **펴낸이** 김창영 **펴낸곳** 생명의말씀사
등록 1962. 1. 10. No.300-1962-1 **주소** 서울시 종로구 경희궁1길 6(03176)
전화 02)738-6555(본사)·02)3159-7979(영업) **팩스** 02)739-3824(본사)·080-022-8585(영업)
기획편집 김자윤 **그림** 콰이어트툰(홍기두) **디자인** 조현진 **인쇄** 영진문원 **제본** 보경문화사
ISBN 978-89-04-16939-9 (02230)

저작권자의 허락 없이 이 책의 일부 또는 전체를 무단 복제, 전재, 발췌하면 저작권법에 의해 처벌을 받습니다.

• 본문에 Mapo금빛나루 서체를 사용하였습니다.

사명선언문

너희가 흠이 없고 순전하여……세상에서 그들 가운데 빛들로
나타내며 생명의 말씀을 밝혀 _ 빌 2:15~16

1. 생명을 담겠습니다
만드는 책에 주님 주신 생명을 담겠습니다.
그 책으로 복음을 선포하겠습니다.

2. 말씀을 밝히겠습니다
생명의 근본은 말씀입니다.
말씀을 밝혀 성도와 교회의 성장을 돕겠습니다.

3. 빛이 되겠습니다
시대와 영혼의 어두움을 밝혀 주님 앞으로 이끄는
빛이 되는 책을 만들겠습니다.

4. 순전히 행하겠습니다
책을 만들고 전하는 일과 경영하는 일에 부끄러움이 없는
정직함으로 행하겠습니다.

5. 끝까지 전파하겠습니다
모든 사람에게, 땅 끝까지, 주님 오시는 그날까지
복음을 전하는 사명을 다하겠습니다.

서점 안내

광화문점 서울시 종로구 새문안로 69 구세군회관 1층
02)737-2288 / 02)737-4623(F)

강남점 서울시 서초구 신반포로 177 반포쇼핑타운 3동 2층
02)595-1211 / 02)595-3549(F)

구로점 서울시 동작구 시흥대로 602, 3층 302호
02)858-8744 / 02)838-0653(F)

노원점 서울시 노원구 동일로 1366 삼봉빌딩 지하 1층
02)938-7979 / 02)3391-6169(F)

일산점 경기도 고양시 일산서구 중앙로 1391 레이크타운 지하 1층
031)916-8787 / 031)916-8788(F)

의정부점 경기도 의정부시 청사로47번길 12 성산타워 3층
031)845-0600 / 031)852-6930(F)

인터넷서점 www.lifebook.co.kr